Manfred Görg
Der un-heile Gott

Manfred Görg

Der un-heile Gott

Die Bibel im Bann der Gewalt

Patmos Verlag Düsseldorf

Die Deutsche Bibliothek – CIP-Einheitsaufnahme

Görg, Manfred: Der un-heile Gott:
die Bibel im Bann der Gewalt / Manfred Görg. –
1. Aufl. – Düsseldorf: Patmos-Verl., 1995
ISBN 3-491-77970-7

© 1995 Patmos Verlag Düsseldorf
Alle Rechte vorbehalten. 1. Auflage 1995
Umschlag: Georg Baselitz, Die Hand Gottes, 1964/65
© Georg Baselitz, Schloß Dernburg
Umschlaggestaltung: Ruth Gnosa, Hannover
Typoskripterstellung: Martin Günther, Paderborn
Druck und Bindung: Clausen & Bosse, Leck
ISBN 3-491-77970-7

Inhalt

Vorwort	9
Einleitung	11
Rundum Gewalt	11
Auch Christen sind gewalttätig	12
Hilfe von der Bibel?	13
Israel — in Gewalt verstrickt?	14
Jerusalem — eine „schwere Adresse"	15
Juden für Palästinenser	17
Auschwitz — Vergewaltigung der Schöpfung	19

1. Teil
Die Bibel spricht die Sprache der Gewalt 23

I. Die Bibel — Eine Orgie der Gewalt 24

1. Vorläufige Thesen 24
2. Von Gewalt zu Gewalt in der Bibel 25
3. Ermunterung zum Genozid 27
4. Gott als Oberkommandeur 28
5. Gott als Großinquisitor 29
6. Keine Schonung auch für den Gott Jesu 30

II. Perversion im Detail — Fallbeispiele aus Josua und Richter 32

1. Jos 2-4: Über den Jordan 32
2. Jos 6: Auslöschung des Lebens 33

3. Jos 8 ff: Weitere Vernichtungsprogramme	34
4. Ri 1: Eine Empfehlung zur Säuberung	35
5. Ri 3 ff: Brutale Retter und Richter	36
6. Ri 13–16: Der gottgefällige Terrorist	37
7. Ri 19–21: Greuel und Vergeltung	38
8. „Offenbarung von unten"	38

III. Gewalt — ein Geburtsfehler der Schöpfung? ... 40

1. Chaoskampf am Anfang?	40
Mesopotamien	41
Ugarit	42
2. Gott kommt aus der Tiefe	43
Ägypten	43
Palästina	44
Chaoskampf in Bildern	46
3. Gottes königliche Hoheit von Anfang an	51
Jes 51,9–11: „Schlächter Rahabs" — „Durchbohrer Tannins"	52
Psalm 93: Jahwe — Thronender von Ewigkeit	55
Psalm 104: Ein Lobpreis dem Gewaltigen	58
4. Gen 1: Trennung von Chaos- und Lebenswelt	60
Der Mensch — ein Bild des „Gewaltigen"	63
5. Gen 2: Der Mensch als Gärtner	70
6. Gen 3: Die Frau — Ursprung allen Übels?	71
7. „Paradise lost" — Fluch der Gewalt und Gewalt des Fluches	73
Die Schlange und *die* Frau: Politik im Hintergrund	75
„Feindschaft setze ich..." — Hiskijas „Schaukelpolitik"	78
Der „Nehuschtan": Provokation zum Zerfall	79
Frau und Mann: Leid-Tragende auf Lebenszeit	83

2. Teil
Die Bibel — Leben mit dem gewalt-tätigen Gott 87

I. Gott läßt töten 89

1. Gen 4, 1-16: Der Brudermord.................... 90
   Tiefsitzende Erinnerungen 92
   Gewalt aus Rivalität 94
   Opfern vom Besten 98
   Warum tötet Kain? 99
   Wer ist Kain? 100
   Wo ist Kain? 102
   Wir alle sind „Kainiter" 103
2. Gen 6-9: Die Flutkatastrophe................... 105
   Gott „reute es" 105
   Ein „Großreinemachen" 108
   Vergeltung — ein Grundgesetz? 111
   Gott „schlägt" 112
   Rache — ein göttliches Prinzip? 114
3. Gen 22 und Ri 11: Das einzige Kind 117
   Kinderopfer in alter Zeit 118
   Abrahams eigener Opfergang 120
   Die Tragik eines Gelübdes...................... 123
4. Gen 32, 23-32: Kampf bis zur Morgenröte 128
   Der nahe und der ferne Gott.................... 129
   Der schlagende und der heilende Gott 130
   Ein rätselhafter Segen 131
5. Ex 4, 24-26: Attacke auf das Leben 133
   Kampf auf Leben und Tod 133
   Blut als Lebenssaft 135
   „Blutbräutigam" 136

II. Gott tötet selbst 138

1. Ex 12, 12 f: Schlagen der Erstgeburt 138
   „Pesach" — Fest des schlagenden Gottes 139

Der „Schläger"	140
Das „Schlagen" als Bild	141
2. Ex 14f: Die Vernichtung der Feinde	143
Geschichtliche Aspekte	144
Kampf im Bild	145
Verfluchung der Feinde	147
Kosmisch-mythische Aspekte	147
Geschichtsmächtiger Eingriff	149
Ex 15,21: „... warf er ins Meer"	150
Gewalttätige Rettung	151
3. Jos 3–6: Der Genozid	152
Landgewinn und Vertreibung	152
Die Konfrontation als Schauspiel	154
Die Gewalt des „Einen"	156
Der „Eine", das Gute und das Böse	160
Ein Gegenmodell: Die Priesterschrift	161
4. Jes 45,7 und Ijob 1,21	162
„Bildner von Licht" — „Schöpfer von Finsternis"	162
Der „Gorbatschow" des Alten Testaments	163
Der „Gottsknecht"	166
Ijob 1,21: Lobpreis im Trotzdem	168
5. Die bleibende Provokation	173
Abrahamitische Existenz	173
Der gekreuzigte Gerechte	174
Das unvermeidliche Gericht	179
Epilog und Bekenntnis	**183**
Biblisches Gottesbild nach Auschwitz?	184
Der hinrichtende und aufrichtende Gott	186
Paradoxe Exempel	186
Der klagend-dankende Psalmist	187
Bilder vom Tod Gottes	189
Begleitende und weiterführende Literatur	**191**

Vorwort

Martin Buber, der große jüdische Religionsphilosoph, hat einmal „diese furchtbare Welt" die „Welt Gottes" genannt. Zugleich meinte er, einen „biblischen Humanismus" fordern zu dürfen, der ein Bewahren und Bewähren inmitten der Ungewitter und Stürme möglich mache. Die Bibel weiß eben nichts von einer „heilen Welt". Sie hat auch unverkennbare Hemmungen, dem Gott Israels ein exklusives Heil-Sein zuzusprechen. Weder die Welt noch ihr Schöpfer sind einfach „heil". Was die Welt an Unheil vor Augen treten läßt, ist ein Nachwehen der Schöpfungstat, die auch das Unheil ins Leben gerufen hat. Gottes Welt ist eine zerklüftete Landschaft.

Ein Gott, der auch das Unheil aus sich entläßt? Macht dies gar die „Heiligkeit" Gottes aus, daß er nicht nur der Gott der unbegreiflichen Güte, sondern — wohl noch augenfälliger — der Gott der rätselhaften Fremde, des schockierenden Andersseins ist? Der biblische Gott, der streichelt und prügelt, der terrorisiert und umarmt? Der fasziniert und erzittern macht?

Auch dieses Buch ist aus der freien Rede bei Vorträgen und Vorlesungen gewachsen. Es spiegelt dadurch eine Unmittelbarkeit in einer Art Zwiegespräch, dem ein Vortragender ausgesetzt ist, wenn er in den Gesichtszügen der Hörer zu lesen sucht.

Die Überlegungen des Buches mögen all jenen gewidmet sein, die sich über den biblischen Gott bis zur Verzweiflung ärgern, trotzdem aber „in ihm festmachen", d. h. im biblischen Sinn an ihn glauben wollen.

München, im Januar 1995 *Manfred Görg*

Einleitung

Es geht in den folgenden Überlegungen um ein Problem des religiösen Lebens und des Glaubens mit der Bibel, das irritieren muß und aus aktuellem Anlaß besonders angeht. Wir wollen uns mit dem Phänomen der Gewalt und der Gewaltlosigkeit auseinandersetzen, wollen erfahren, wie das Humane und das Inhumane nebeneinander, gegeneinander stehen, wie sich beides vor allem in der Bibel darstellt. Die Aktualität dieser Dinge bedarf keiner breitangelegten Vergewisserung.

Rundum Gewalt

Gewalt ist in überraschend vielfältiger Weise an der Tagesordnung. Es herrscht allgemeine Verwirrung und sogar Entsetzen darüber, daß sich auch bei uns Gewalt in diesem Ausmaß zeigt. Kein Land scheint aber davon frei zu sein. Gewalt als Mittel der Auseinandersetzung ist — und das stellt sich immer wieder heraus — auf neue Gewalt angelegt. Das alte Gesetz, daß Gewalt Gewalt erzeugt, bestätigt sich aufs neue. Niemand hätte das in diesem Ausmaß erwartet, wo doch die „Neue Weltordnung" greifen sollte. Aber eine Weltordnung läßt sich offenbar nicht verordnen. Eine eingehende Beschreibung der vielfältigen Gewalttaten erübrigt sich, da uns die Bilder täglich ins Haus und ins Gemüt getragen werden — bis zum Überdruß. Wir erkennen in der Spirale der Gewalt auch das Phänomen, daß die zunächst Unterlegenen selbst zu den Mitteln der Gewalt greifen und sich gegenseitig zerfleischen. Jugoslawien ist ein Lehrstück, wie Gewalt ausbricht und was sie anrichtet, daß die Urheber von ihr verschlungen werden und die Opfer sich gegenseitig vernichten. Ein Beispiel für eine Beobachtung, die wir in allen Bereichen der Welt machen müssen: das Geschaffene, die Schöpfung geht in Chaos über, und das Chaos mag vielleicht irgendwann einmal wieder eine begrenzte Ordnung produzieren. Wir erleben jedenfalls am Beispiel Jugoslawien, daß es offenbar keine programmierbare, allseits befriedigende Lebensordnung gibt, sondern daß selbst der scheinbar friedlichste Zustand plötzlich aufgesprengt werden kann. Die hier und da anbrechenden oder auch zu einem scheinbaren Abschluß gebrachten Friedensverhandlungen machen das nur zu deutlich. Selbst ein einmal erreichtes Ziel, eine bereits vollzogene Verständigung erweist sich in der Realisierung als äußerst unbeständig, man muß immer wieder mit Nachverhandlungen und Kompromissen arbeiten. Von einem Frieden, der ohne Brüche und lebensgefährdende Spannungen auskommt, ist man gegenwärtig und wohl auch in alle Zukunft meilenweit entfernt.

Auch Christen sind gewalttätig

Nordirland — ein klägliches Beispiel aus der anderen Ecke Europas dafür, daß nicht einmal Christen unter sich in der Lage waren, der Gewalt zu widerstehen, im Gegenteil! Man sollte doch eigentlich glauben dürfen, bei Christen ließen sich Rezepte dafür abholen, wie man der Gewalt begegnen könne, aber jedermann sieht, daß das nicht zutrifft. Der gegenwärtig propagierte Verzicht auf Gewalttat gibt noch lange keine Gewähr für wirkliche Verständigung. Es ist offenbar ein Phänomen der Frustration, mit dem wir leben müssen, was uns aber nicht davon dispensieren kann, jeder Art von zerstörerischer Gewalttätigkeit den Widerstand entgegenzustellen, zu dem man fähig ist. Sicher, so müssen wir uns fragen, mit welcher Aussicht, mit welcher Breitenwirkung? Wen überzeugt das? Haben wir wirklich Instrumente bei der Hand? Hat das Christentum, das sich auf die Bibel stützt, trotz fehlender Effizienz nicht doch auch nachvollziehbare und hilfreiche Wege im Umgang mit Gewalt anzusagen und anzubieten? Gegenüber allem Augenschein möchten wir glauben, daß das Christentum in Verbindung mit dem Judentum bedeutsame Impulse beibringen könnte, wie der Gewalt standgehalten werden kann. Und doch müssen wir beim nüchternen Betrachten der Realität am Ende sagen, daß auch Christen und Juden der Gewalt verfallen zu sein scheinen und daß ihr gelegentliches Bemühen um Widerstand allenfalls eine kleine Flamme ohne erleuchtende oder gar wärmende Wirkung ist.

Hilfe von der Bibel?

Wir möchten hier Analysen und Antworten vorstellen, die uns die Bibel gibt. Man mag das für einen veralteten Weg halten. Ist nicht schon immer wieder seit Jahrtausenden probiert worden, aus dem Grunddokument von Juden und Christen Rezepte zur Gewaltüberwindung zu gewinnen? Hat man nicht Juden und Christen immer wieder auf den Prüfstand gestellt, ob sie nicht doch bessere Menschen seien? Es hat sich leider immer wieder herausgestellt, daß sie es offenbar nicht sind. Trotzdem finden wir in keiner Menschheitsliteratur eindringlichere Beobachtungen dazu, wozu der Mensch fähig ist, oder auch intensivere Bekenntnisse dazu, wozu der Mensch in der Lage sein sollte, wenn er sich auf seinen Gott einläßt. Daraus könnten wir Perspektiven schöpfen, die es Juden und Christen sowie darüber hinaus allen, die sich in irgendeiner Weise in Gott und an Gott festmachen, gelingen lassen könnte, Nester der Menschlichkeit zu bauen. Das allein wäre schon Widerstand gegen die lebensbedrohende Gewalt. Den Weg, wie diese Oasen des Humanen geschaffen werden könnten, kann noch immer, wie kein anderes Werk der Menschheitsgeschichte, die Bibel kundtun. Darauf soll im weiteren Verlauf unserer Darstellungen das Augenmerk gerichtet werden.

Israel — in Gewalt verstrickt?

Das Problem sei noch etwas stärker akzentuiert. Wenn wir das Christentum und die Bibel als seine Grundurkunde in den Blick nehmen wollen, so ist es unabdingbar, zuvor dem Judentum unsere Aufmerksamkeit zu widmen.

Leider begegnet uns auch hier der gleiche Eindruck wie beim Christentum. Israel scheint in Gewalt verstrickt zu sein, und das nach allem, was Israel selbst an Gewalt erfahren hat. Dieser zwiespältige Eindruck wird gegenwärtig von vielen, auch in Israel, beklagt. Man soll sich nicht täuschen lassen über aktuelle Umfragen und Wahlergebnisse in Israel. Aus zahlreichen persönlichen Begegnungen bildet sich doch der Eindruck, daß viele Menschen in Israel energisch für eine Verständigung mit den Nachbarn eintreten. Diese Menschen leiden sehr darunter, daß gerade in ihrem Territorium der Gewalt zu viel Tribut gezollt wird, obwohl das Judentum wie kein anderes Volk, wie keine andere Gemeinschaft Opfer von Gewalttat geworden ist. Bis in die unmittelbare Gegenwart zeigt der lange geschürte und in blutigen Exzessen mündende Haß auf allen Seiten seine entsetzlichen Wirkungen. Zugleich wird der Schrei nach dem Ende solcher Bedrohung weltweit immer lauter. Gerade das aktiv und passiv betroffene Israel hält die Provokation jedermann vor Augen.

Ich möchte das Problem noch mehr auf die Spitze treiben, indem ich auf eine eigene Erfahrung im Anschluß an eine Tagung der Katholischen Akademie in München zum 40-jährigen Bestand des Staates Israel (April 1988) zurückgreife. Die briefliche Reaktion eines Teilnehmers gipfelte in der Aussage, man könne sich doch unmöglich an das Zeugnis Israels und des Judentums halten, weil Juden schon seit jeher, seit Beginn ihrer Geschichte andere Völker aus deren angestammten Gebieten vertrieben und alles Leben, Mann und Maus, vernichtet hätten, um sich in diesem Land festzusetzen. Wie könne ein solches Volk heute beanspruchen, ein Zeugnis von Menschlichkeit oder der Überwindung von Gewalt zu geben? Aus diesem Brief sprach freilich ein schlecht verdeckter Antijudaismus und auch Antisemitismus, und es war nicht das geringste Bemühen erkennbar, Israel sowohl in seinem biblischen Selbstzeugnis wie in seiner geschichtlichen Bedrohung überhaupt besser verstehen zu lernen. Dennoch müssen wir uns im Fortgang unserer Überlegungen auch diesem Vorwurf stellen und fragen, woher diese massiven Kundgaben von Gewalt im Alten Testament in der Rückschau Israels auf seine eigene Geschichte kommen.

Soviel sei vorweg gesagt: „Gewalt"-Aussagen in der Bibel sind nicht *das* Zeugnis Israels über sich selber. Es gibt zwar auch in der Bibel Stimmen, die Gewalt predigen, sowohl im Alten Testament als auch — man sollte das nicht vergessen — im Neuen Testament. Wir dürfen diesen Befund nicht beiseite schieben, müssen uns aber um Ortung dieser Texte bemühen. Ich glaube, daß viele Menschen unserer Tage noch nicht über den Eindruck, den jener Briefschreiber vermitteln wollte, hinausgekommen sind. Es scheint gegenwärtig Bestrebungen zu geben, für unser Land nach der politischen Wende eine neue nationale Ära anzukündigen, wo man möglicherweise nicht mehr der Tiefen des Versagens gedenken muß, wo der Mensch vielleicht zu einer neuen Liberalität, Humanität, wie sie auch immer aussehen sollte, gereift sei, so daß er sich nicht mehr die Schrecknisse der Vergangenheit vergegenwärtigen müsse. Wir alle wissen, daß dies ein Thema ist und diskutiert wird, nicht nur im rechten Spektrum. Es dürfte für Christen und Juden aber kein Zweifel bestehen, daß es eine geschichtslose Neuorientierung nicht geben kann, daß das Sich-Erinnern eine Verpflichtung sein muß, die Christen mit den Juden teilen. Eine Neuorientierung ohne Erinnerung oder gar Hand in Hand mit Vergessen kann es nicht geben.

Jerusalem — eine „schwere Adresse"

Um den Blick gerade auf das Judentum und auf Israel zu fixieren, soll hier am Anfang ein Zitat stehen aus einer zeitgenössischen Darstellung der Verhältnisse in Jerusalem aus der Feder der israelischen Schriftstellerin Angelika Schrobsdorff. Der Titel, „Jerusalem war immer eine schwere Adresse", bestätigt sich tragischerweise in diesen Tagen erneut.

Die Autorin beschreibt in einer sehr nüchternen Bestandsaufnahme ihre eigenen, urpersönlichen Erfahrungen im Spannungsfeld zwischen Israelis und Palästinensern. Im Anschluß an eine Tagesmeldung zu Beginn der Intifada über israelische Strafaktionen im Gazastreifen, deren es ja viele gab, entspinnt sich folgender Dialog, den die Autorin mit einem Bekannten führt. Sie selbst beginnt das Gespräch:

„Wie weit kann man noch gehen?"

„Um das zu sehen, solltest du vielleicht mal nach Gaza fahren... Ich meine die, die mit gebrochenen Armen, Beinen, Rippen und Händen in den Krankenhäusern liegen... Sie schlagen die Palästinenser jetzt zusammen und brechen ihnen die Knochen im Leib."

„Das glaube ich nicht", und glaubte es wirklich nicht.

„Und warum glaubst du es nicht?"

„Die Juden sind keine Schläger. Es widerspricht ganz einfach ihrer Natur, brutal zu sein. Sie waren es nie, und ich bin überzeugt, daß weder ein Mensch noch ein Volk sein Wesen ändern kann... Es wären nicht sechs Millionen fast widerstandslos ermordet worden", sagte ich, *„wenn ihnen Gewalt nicht so fremd gewesen wäre."*

„Du kennst Israel fast dreißig Jahre, nicht wahr? Und dreißig Jahre ist es dir gelungen, den Israelis dieselben Eigenschaften anzudichten wie den gewaltlosen Opfern des Holocaust. Sie waren in der Diaspora gewaltlos, weil ihnen da gar nichts anderes übrigblieb, aber sie waren es nicht davor und sind es noch weniger danach. Weder ihre Religion noch ihre frühe Geschichte ist gewaltlos. Und seit sie wieder einen Staat haben und ein Volk sind, sind sie genauso rücksichtslos, amoralisch, aggressiv und brutal wie andere Völker."

„Das stimmt nicht. Als Individuen sind sie es nicht. Ich habe mir immer wieder die Soldaten angeschaut und immer wieder festgestellt, daß sie anders aussehen als andere Soldaten — lebendiger, offener. Sie haben sich alle, trotz Militär und Uniform, ihre Persönlichkeit bewahrt, und ihre Gesichter sind alles mögliche, aber brutal sind sie nicht."

„Du hast sie noch nie in Aktion gesehen."

„Ich bin kein Mensch, der sich was vormacht, ich bin ziemlich ehrlich mit mir selber. Und blind bin ich auch nicht. Es stimmt, ich liebe Israel, und ich fühle mich unter den Juden zu Hause, aber ich habe sehr wohl gesehen, was sich hier abspielt, und vieles hat mich abgestoßen. Trotzdem hat für mich in diesem Land immer das Gute überwogen. Ich bin nicht umsonst hierhergekommen. Du ja auch nicht."

„Wenn es in diesem Tempo und dieser Richtung weitergeht, sind wir beide umsonst hierhergekommen, und glaube nicht, daß ich das so leichthin sage. Ich habe mich hier auch wohler gefühlt als in irgendeinem Land."

„Mir ist kalt", sagte ich und trat an den Ofen...*

Diese Aussagen lassen uns spüren, wie stark die Differenzen der Denkenden, Reflektierenden in der israelischen Öffentlichkeit sind, auch angesichts der andauernden Verhandlungen, die immer wieder ins Stocken geraten und noch viele Problemfelder offenlassen. Daß auch die nächsten Jahre trotz der sich abzeichnenden Stadien der Annäherung von Spannungen begleitet sein werden, dürften wohl alle Einsichtigen bejahen.

Juden für Palästinenser

Ähnliche Zwiespältigkeit empfindet Cordelia Edvardson, Tochter von Elisabeth Langgässer, in Auschwitz gewesen, heute in Israel lebend. Sie bringt ihre Gedanken dazu in einer ihrer Publikationen zum Ausdruck. In der Schrift: „Die Welt zusammenfügen" nimmt sie zu den Aktionen Israels gegen die Palästinenser Stellung:

„Starke Hand" — yad chasaka —, *wörtlich „schwere Hand", ist ein Ausdruck aus unserem Alltag, dem Alltag israelischer Behandlung*

---

* Angelika Schrobsdorff, Jerusalem war immer eine schwere Adresse, 3. Auflage, München 1993, S. 179f.

der Palästinenser in den besetzten Gebieten, in der Westbank und im Gazastreifen. Sobald die Bevölkerung dieser Gebiete irgendwelche Anzeichen aktiven Widerstandes verrät, fordern die israelischen Siedler und viele andere Israelis, daß yad chasaka zur Anwendung kommt: strengere Bestrafung steinewerfender Jugendlicher und Kinder, am liebsten auch ihrer Familien, mehr Ausweisungen, mehr Haussprengungen und, natürlich, mehr Siedlungen in der Westbank. Dies sei die einzig richtige Art, mit diesen „Terroristen" umzugehen, behauptet man. Denn selbstverständlich bezeichnet man alle, die die Besatzungsmacht auf diese oder jene Weise bekämpfen, durch die Bank als Terroristen; und das nicht nur, wenn sie Terroraktionen gegen wehrlose Zivilisten in einer Straße von Jerusalem oder auf einer Landstraße in der Negevwüste verüben, nein, im offiziellen Sprachgebrauch sind auch solche Palästinenser, die sich gegen schwerbewaffnete Soldaten der Okkupationsmacht wehren, „Terroristen". Zugleich feiern der Ministerpräsident des Landes und die Politiker aller Lager bei passender Gelegenheit die „heroischen Freiheitskämpfer", die vor der Gründung des Staates die Soldaten der britischen Besatzer gejagt, getötet und sogar gehängt haben. Daß dieser Freiheitskampf auch Hunderten von Zivilisten, Briten, Juden und Arabern das Leben kostete, betrachtet man als mehr oder weniger bedauerlichen Unfall; es war recht, Aufruhr zu machen, um jeden Preis. Ein Aufstand in Judäa und Samaria — das Wort Westbank ist aus dem offiziellen Sprachgebrauch getilgt worden — wird als „Unruhen" bezeichnet und soll im Keime erstickt werden. Yad chasaka. Die Sprache wird zum gehorsamen Diener der Macht und der Eroberer.*

Vor allem scheint der Gedanke wichtig: Wie kann Israel seine Identität finden angesichts der gewaltigen und schrecklichen Dinge, die Israel und dem Judentum zugestoßen *wurden*, nicht einfach zugestoßen *sind*?

---

* Cordelia Edvardson, Die Welt zusammenfügen. Aus dem Schwedischen von Jörg Scherzer und Anna-Liese Kornitzky, München–Wien 1989, S. 104f.

Auschwitz — Vergewaltigung der Schöpfung

Ein Zeitzeuge, der uns hier etwas Entscheidendes zur Identitätsfindung Israels und damit auch des Christentums sagen kann — denn wenn das Judentum seine Identität nicht findet, wird auch das Christentum die seinige nicht finden —, ist Elie Wiesel. Von ihm sei aus einem seiner jüngsten Bücher ein sprechendes Zitat vermittelt. Es geht darum, daß das Erlebnis der offenbaren, unauslotbaren, schrecklichen Gewalt bewältigt oder nachgelebt werden muß, wenn man einen Weg heraus finden will. Die Schoah und ihre Auswirkungen sind auch ein dringendes Thema des Christentums.

Elie Wiesel hat kundgetan, daß das Christentum eigentlich in Auschwitz gestorben sei. Es habe leider völlig versagt. Und in der Tat hat das sogenannte christliche Abendland ja nicht die Kraft besessen zu widerstehen. Es hat den Menschen dieses Landes offensichtlich nicht Substanz und Rückgrat gegeben, entschieden genug Widerstand zu leisten.

Gegenwärtig gibt es wieder Anzeichen für diese erneute Lähmung des Christentums. Bis in unsere Tage geht der Trend — selbst in Theologenkreisen —, das schreckliche Geschehen aus dem Bewußtsein der Christen auszuklammern mit der These, man solle doch endlich mit dem „Mythos von den sechs Millionen" aufhören.

Dazu nun Elie Wiesel mit einem Ausschnitt aus dem Gemeinschaftswerk: E. Wiesel — A. Friedlander, „Sechs Tage der Schöpfung und der Zerstörung" mit dem Untertitel „Ein Hoffnungsbuch". Elie Wiesel beruft sich auf einen Rabbi Michael — Dow Weismandel, der sich zu den schrecklichen Geschehnissen äußert, die für alle Welt Mahnmal geworden sind und bleiben:

In jenen Tagen, sagte der Rabbi, haben die Normalen den Verstand verloren. Und wer seinen Verstand nicht verloren hatte, war nicht normal.

Aber niemand war damals das, was wir heute als „normal" bezeichnen. Die grundlegenden Gesetze der Schöpfung waren außer Kraft gesetzt. Zwei mal zwei war nicht vier, sondern sechs Millio-

nen. Eine ganze Hauptstadt, ein Land, eine Nation mit all ihren Ärzten und Arbeitern, ihren Abgeordneten und Ministern, ihren Händlern und Helfern... Stellen Sie sich ein Land Europas vor, welches — von heute auf morgen — mit seinen sechs Millionen Einwohnern einfach verschwunden ist. Nein, versuchen Sie es nicht. Man stelle sich nicht Unvorstellbares vor.

„Man wird euch nicht glauben", sagten die Mörder zu ihren Opfern, um ihre Leiden zu vergrößern. „Selbst wenn ihr tot seid, jagt ihr uns keine Angst ein. Die Leute werden sich weigern, in eure Richtung zu blicken. Was die wenigen Überlebenden betrifft: Sie werden sprechen, aber niemand wird ihnen Glauben schenken. Man wird sie für verrückt erklären. Man wird sie bemitleiden. Man wird sie in Irrenanstalten isolieren. Sie sind mehr zu bedauern als die Toten."

Hatten die Mörder Recht? Möglicherweise. Sie hatten in vielen Dingen Recht. Sie sagten, die Menschheit würde dem jüdischen Schicksal gegenüber gleichgültig bleiben, und sie hatten Recht. Sie sagten die Tragödie der Überlebenden voraus, und auch hier hatten sie Recht.

Brüder, helfen Sie uns, ihnen zu beweisen, daß die Mörder nicht Recht behalten haben. Aus diesem Grunde flehe ich Sie... an, sich mit uns zu verbünden... Gemeinsam können wir den Mördern die Stirn bieten. Gemeinsam werden wir gegenseitig unsere Existenz rechtfertigen.*

Ein Appell an das Nicht-Vergessen! Es ist unsere Pflicht, diese Erinnerung wachzuhalten, weil wir ohne diese Bezugnahme nicht über Humanes und Inhumanes in der Schrift nachdenken können. Die hautnahe Erinnerung an Auschwitz und an die Konzentrationslager ist so etwas wie ein zwingender Weg geworden, sich auch mit dem, was die Bibel sagt, auseinanderzusetzen. Es ist sozusagen ein hermeneutisches Muß. Wir wollen hier nicht in die Diskussion einsteigen, ob Auschwitz ein „heilsgeschichtliches Ereignis" gewesen sei. Der Ausdruck „Heilsge-

---

* Elie Wiesel — Albert Friedlander, Die sechs Tage der Schöpfung und der Zerstörung. Ein Hoffnungsbuch, Freiburg 1982, S. 75f.

schichte" ist ohnehin in der Vergangenheit außerordentlich strapaziert worden, indem man immer wieder „heilsgeschichtliche" Momente beschworen und „die Offenbarung" gegenüber nichtbiblischen Quellen ins Feld geführt hat. Daß aber Auschwitz eine radikale Überbietung der Exilserfahrung und ein überdimensionaler Bruch in der Geschichte ist, daran kann kein Zweifel sein. Für nicht wenige ist Gott selbst gestorben, und wir sollten nunmehr ganz anders über Gott reden müssen, gerade wir Christen. Es ist völlig unverständlich, daß die Erfahrungen der Schoah nicht prägend auf die Gestaltung all dessen eingewirkt haben, was in jüngster Zeit über Gott und Mensch gesagt wurde — auch in offiziellen Kundgaben. Man kann weder einen Katechismus noch Enzykliken schreiben ohne intensive Reflexion über das, wozu Christen fähig waren und wohl immer noch sind.

1. Teil

DIE BIBEL — GOTT SPRICHT DIE SPRACHE DER GEWALT

I. Die Bibel — Eine Orgie der Gewalt?

Eine akute Herausforderung für alle Bibelleser stellt eine Streitschrift dar, die im Jahre 1992 erschienen ist und von sich reden gemacht hat: Franz Buggle, „Denn sie wissen nicht, was sie glauben oder: Warum man redlicherweise nicht mehr Christ sein kann. Eine Streitschrift" (Hamburg 1992). Das Buch ist eine radikale und polemische Auseinandersetzung mit der Bibel, die nach der Ansicht des Autors von der ersten bis zur letzten Seite von Gewalt triefe. Für den Psychologen Buggle ist die Bibel rundweg ein Buch, das wegen seiner Apotheose der Gewalt für vernünftige Menschen unserer Tage obsolet sein sollte. Das Buch hinterläßt den Eindruck, als wenn die Begegnung mit der Schrift eine Begegnung mit dem Einbruch der Gewalt sein müsse. Das enttäuscht all diejenigen, die meinen, man könne in der Bibel immerzu auf radikale Gegenpositionen zur Gewalt stoßen, etwa in dem Sinne, daß die Bibel doch zutiefst und ausnahmslos gewaltkritisch sei und „humanen" Perspektiven das Wort rede. Was nun? Ist die Bibel ein Buch der Gewalt und der Gewalttätigkeit Gottes und der Menschen, oder ist sie doch letztlich ein Dokument der Überwindung der Gewalt und so von Grund auf gewaltkritisch?

1. Vorläufige Thesen

Um diese Fragen zu klären, ist es notwendig, die einschlägigen Texte eingehend zu betrachten, um daran den Blick zu schärfen. Ohne das Ergebnis vorwegzunehmen, sollen doch zwei Perspektiven genannt sein, die vielleicht von vornherein eine Hilfe sein können.

Es gilt erstens, daß die Bibel auf allen ihren Ebenen in ihrer tausendjährigen Geschichte ein Spiegelbild dessen liefert, was unter Menschen möglich ist. So kommt gerade auch die ausufernde Gewalt unter Menschen ungeschminkt zur Sprache. Es kommt aber auch zur Geltung, daß Menschen nicht nur einander Gewalt antun, sondern daß sie auch ihren Gott als „gewaltig", ja sogar als „gewalttätig" erfahren und ihn anklagen.

Zweitens muß festgehalten werden, daß gerade in dieser unverblümten Aufdeckung all dessen, was zur Gewalt führt und wie sich Gewalt artikuliert, die Bibel einen Schritt über die Gewalt hinausgeht, insofern sie ausdrücklich die inneren Gesetze und Befindlichkeiten von Gemeinschaften skizziert, die ohne Gewalt auskommen oder zumindest mit ihr leben und überleben können.

Diese beiden Aspekte können bei der systematischen Befragung von immer wieder zitierten und oft mißverstandenen Schriftstellen hilfreich sein. Ein ungeschöntes Aufdecken von Gewalt und Gewalttat unter Menschen und zugleich der Versuch, einen Raum zu definieren, der als Ort und Hort des Widerstands zur Überwindung von Gewalt gelten kann. Beides ist auch gegenwärtig notwendig: eine Analyse der Eskalation der Gewalt mit einem Aufspüren der gemeinschafts- und friedensfördernden Initiativen. Schon in der Bibel ist die verändernde Rolle derer gefragt, die Alternativen formulieren und danach handeln, ohne ihre Phantasie zu verstecken.

2. Von Gewalt zu Gewalt in der Bibel

F. Buggles Intention, die Bibel als zutiefst gewalttätiges Buch zu entlarven, ist mit dem Appell behaftet, man solle sich auf diese Grundurkunde des Glaubens eigentlich nicht mehr einlassen, so daß man im Grunde kein glaubwürdiger Christ sein könne. Man müsse vielmehr zu anderen Prinzipien Zuflucht nehmen, so wie sie der Fortschritt des humanen Denkens und das Menschenbild des modernen Humanismus nahelegen.

Mit der Vorstellung der Ausgangslage dieses Werkes steigen wir keineswegs sofort in eine kritische Auseinandersetzung ein, für die natürlich noch Platz sein wird. Vorerst soll hier dem Eindruck, den das Buch vermittelt, nicht durch apologetische Argumentation begegnet werden, so wie es weithin in der öffentlichen Diskussion geschieht mit dem eilfertigen Hinweis, die Bibel habe doch ganz andere Perspektiven. Das, was hier von Gewalt gesagt werde, sei überzogen. Gewiß, das Alte Testament spreche von Gewalt, im Neuen Testament aber sei von Gewalt nichts zu finden. Der Bote des Friedens schlechthin, Jesus von Nazaret, habe aller Gewalt ein Ende gesetzt, er habe die Botschaft von der Überwindung jeglicher Gewalt gegen die alttestamentliche Verherrlichung von Gewalt gestellt. Solche apologetischen Beurteilungen müssen hier auf jeden Fall vermieden werden, sie sind, wie eine kritische Durchsicht des „Alten" und „Neuen" Testaments erweist, auch völlig unzutreffend.

Statt dessen sollten wir den Beweggründen und den beschriebenen Sachverhalten nachgehen, auch wenn sich der Eindruck, den Buggle von der gewalttätigen Tendenz in der Schrift artikuliert hat, verstärken sollte. Ich halte nichts davon, die Einwände einfach unter den Tisch zu kehren. Nur dann, wenn man „redlicherweise" mit der Schrift umgeht, kann man auch ihre Dimensionen entdecken. Eine wichtige, schon angedeutete Perspektive der Schrift ist das unverblümte Reden von dem, was unter Menschen möglich ist. Was des Menschen Phantasie an Scheußlichkeiten im Umgang miteinander (besser: gegeneinander) zuwege bringt, das findet auch in der Bibel paradigmatisch und detailliert seine Umsetzung in drastische Sprache. Aber: ein Weg zur Aufdeckung der Gewalt kann es bereits sein, sie als solche direkt vorzuführen und bloßzustellen, nachzuzeichnen, wie gewalttätige Aktionen entstanden sind, wie sie verlaufen und ausgehen, und schließlich, welchen Stellenwert die Bibel den einschlägigen Szenen in ihrem Gesamtgefüge zukommen läßt.

Buggle rechnet mit einem verdrängten Skandal, der darin besteht, daß man die Bibel nach wie vor als Basis und letzte Instanz aller christlichen Religiosität ansieht und man sich bis zur Stunde auf die Bibel als Dokument aller ethischen und moralischen Aussagen stützt. Wenn es nun so ist, daß die Bibel das Dokument sein soll, dem sich Christen zuallererst zuwenden, aus der sie gewissermaßen Prinzipien zur Lebensgestaltung entnehmen, dann wiegt es um so schwerer und um so negativer, wenn diese sogenannte „Heilige" Schrift mit nicht nachvollziehbaren Gewaltäußerungen gefüllt ist und diese Gewalttätigkeiten in Israel sogar durch Gott selber initiiert zu sein scheinen. Buggle versucht, in einem groben Durchgang durch die Bibel Gewaltaussagen herauszuschälen, und er findet vor allem im Pentateuch, in den fünf Büchern Mose, aber auch bei den Propheten, in den Psalmen und in der Weisheitsliteratur, d. h. also in der ganzen Schrift, Elemente dieses befürwortenden Redens von Gewalt. Er erkennt u. a. Modelle, die den Umgang ethnischer Großgruppen miteinander kennzeichnen.

3. Ermunterung zum Genozid

Da werde z. B. den Eroberungskriegen und dem Völkermord, dem Genozid das Wort geredet. So sei im Pentateuch die Rede davon, daß an Israel der Appell ergeht, sich über die Nomadenstämme, u. a. über die Midianiter, herzumachen und sie zu schlagen. Ja, man müsse sogar den Eindruck gewinnen, daß der biblische Gott geradezu sein Wohlgefallen an Eroberungsaktionen und Vernichtungstaten habe, mehr noch, sie sogar anordne und Israel beauftrage, Schlachten und Vernichtungsschläge durchzuführen. Nach Buggles Ansicht laufen besonders die älteren Geschichtswerke auf die Devise hinaus, daß Gott selber derjenige sei, der die Vernichtung durchführt, nicht nur, daß er Handlanger bemühe, sondern selbst Initiator und Feldherr in einem sei, der die Völker selbst vernichte. Viele Berichte stellen nicht den Menschen in die vorderste Linie der Kämpfer, sondern lassen Israel zu Jahwe Zuflucht nehmen, der dann aber selbst brutal zuschlägt: Jahwe, der die Erstgeburt der Ägypter vernichtet oder die Ägypter ins Meer fallen läßt, der die Völker vor Israel hertreibt und dabei selber Hand anlegt. Jahwe ist es, der die Kriege führt, er wird ausdrücklich als der Kriegsmann, als Kriegsherr deklariert, wie z. B. im Schilfmeerlied des Mose (Ex 15).

Hat die Bibel nichts Besseres anzubieten — so fragt Buggle — als einen solchen Gott, der in erster Linie Kriegsherr ist, der selbst die Vertreibung, ja sogar die völlige Vernichtung der Bewohner anordnet? Für alle Freunde der Bibel in der Tat anstößige Formulierungen, die aber zunächst einmal aufrichtig zur Kenntnis und vor allem ernst genommen werden müssen, denn die Vorbehalte gegen solche Worte der Schrift sind weiter verbreitet, als wir gemeinhin annehmen wollen.

4. Gott als Oberkommandeur

Buggle erkennt auch in den prophetischen Schriften ähnlich radikale Formulierungen. So findet er im Buch Jesaja Aussagen, daß Gott seine heiligen Krieger in den Kampf schickt, „seine hochgemuten, jauchzenden Helden" (Jes 13,3), die nichts anderes im Schilde führen, als vor den Augen der Feinde Israels „ihre Kinder zerschmettert, ihre Häuser geplündert, ihre Frauen geschändet" zu sehen (Jes 13,16), um ein ganz radikales Bild zu wählen. Daß das anstößig ist, ist für jedermann klar, und es ist nach wie vor, das muß zugestanden werden, ein herausforderndes Problem für Exegese und Katechese. Eine noch so gescheite Auslegung, wie sie immer wieder für Fachleute feilgeboten wird, hilft hier nicht weiter.

Auch die hochgeschätzten Psalmen als das Gesangbuch Israels, als das Gebetbuch Jesu und der Kirche sind von diesem Verdikt betroffen. Vielfach werden „Gewalt"-Texte sogar von Ordensgemeinschaften in ihrem Psalmengebet ausgelassen, weil man meint, diese Gebetsteile seien für Christen nicht vollziehbar. Genau dieser Punkt ist es auch, der Buggle Anlaß gibt, bei Psalmen besonders kritisch zu Werke zu gehen und darauf zu achten, wo hier der Unmenschlichkeit das Wort geredet wird. Da heißt es z. B.: „Wohl dem, der deine Kinder packt und sie am

Felsen zerschmettert" (Ps 137,9), wobei Buggle an die theologischen Schönfärber den Vorwurf des Zynismus richtet, um sie zugleich um Verzeihung zu bitten! In der Tat: eine ungeheuerliche Aussage! Ungeheuerlich auch die Formulierungen in den sogenannten Fluchpsalmen. Seit Bestehen der Exegese haben diese Fluchpsalmen Anstoß erregt, und viele werden Buggle in seiner Kritik folgen: Wenn solche Aussagen Inhalt des Gebetbuchs Israels und des Gebetbuchs Jesu sind, was soll man dann von Israel, was von Jesus halten? Dieser unmenschliche Extremismus müsse ausgemerzt und durch eine andere, ethisch verantwortbare Grundhaltung abgelöst werden. In den Psalmen programmiere man geradezu enthusiastisch die Gewalt gegen die Feinde, und immerzu werde der Wunsch ausgedrückt, die Gegner Israels möchten jeden Boden unter den Füßen verlieren und vernichtet werden. Das Problem ist hier in der Tat nicht, wie die Psalmen sachgerecht erklärt werden, sondern wie ihre Sprache einer sensibleren Öffentlichkeit vermittelbar ist.

5. Gott als Großinquisitor

Buggle beobachtet auch eine merkwürdige Abwertung Anders- und Nichtgläubiger. Er findet in deuteronomischen Texten, aber auch schon in Texten des Exodus eine Feindseligkeit z.B. gegenüber den andersgläubigen Kanaanäern: „Ihr sollt ihre Altäre niederreißen" (Dtn 12,3), heißt es dort, „und ihre Steinmale zerschlagen". Was hat das mit Toleranz zu tun, der wir doch heute etwas mehr abgewinnen als in früheren Zeiten? Ist das nicht geradezu eine Aufforderung zur gewalttätigen Intoleranz gegenüber Andersgläubigen? Die Ungläubigen werden keineswegs als Menschen charakterisiert, die subjektiv ernstzunehmende Äußerungen des Glaubens artikulieren können, sondern als abscheuliche Menschen, die zu nichts Gutem taugen — also extrem lieblose, intolerante und abwertende Beschreibungen der Nichtgläubigen, insbesondere der Nichtisraeliten, verbunden noch mit Wunschphantasien über ihre Vernichtung und Bestrafung. Damit begnügt Buggle sich noch nicht. Er möchte auch verdeutlichen, daß ebenso im privaten Bereich das Gewalttätige vor allem im Alten Testament zum Vorschein kommt: die Auslegung der Todesstrafe, das Schlagen des Nächsten, die rigorose Bestrafung sittlicher Verfehlungen, die negative Reaktion gegen Menschen, die sich nicht nach den Normen verhalten — sadistisch grausame Ausgrenzungen. Eine fragwürdige Instanz, so bemerkt Buggle, stehe dahinter, Gott selbst sei Träger dieser Aversionen, dieser Haß- und Rachegefühle.

Soweit Appelle, die das Alte Testament betreffen und sich nach Buggle in keiner Weise mit dem Gebot der Humanität vereinbaren lassen, schon gar nicht mit einem gewachsenen Gefühl einer größeren Sensibilität, die wir in unseren Tagen entwickelt haben für humanes Denken und für Entgleisungen, die die Menschenrechte in Frage stellen. Um so verantwortungsloser erscheint es, so Buggle, ein solches Buch wie die Bibel ungehindert einem modernen Leser zu empfehlen.

6. Keine Schonung auch für den Gott Jesu

Nun wird häufig die Meinung vertreten, das Neue Testament befände sich auf einem ganz anderen Niveau. Aber auch im Neuen Testament hat Buggle Elemente der Gewalttätigkeit gefunden, und auch sie lassen sich nicht leugnen.

Entgegen landläufiger Meinung ist auch im Neuen Testament besonders in eschatologischen und apokalyptischen Texten von Gewalt die Rede. Der einstmals kommende Gerichtstag wird die Gerechten von den Sündern trennen, es wird „Heulen und Zähneknirschen" bei den Sündern geben (Mt 13, 41 f). „Versammelt euch zum großen Mahl Gottes, freßt Fleisch von Königen, von Heerführern und von Helden, Fleisch von Pferden und ihren Reitern, Fleisch von allen, von Freien und Sklaven, von Großen und Kleinen" (Offb 19, 17 f) — ein Großangriff auf alles Leben! Was soll der Christ, der einigermaßen an der Humanität orientiert ist, mit solchen Texten anfangen? Ist das ein erstrebenswertes Zukunftsbild, daß die einen in die finsterste Hölle geworfen werden und die anderen zur ewigen Seligkeit berufen sind? Kann es der Wille eines Gottes sein, der den Menschen ernst nimmt, daß eine solche richterliche Entscheidung am Ende aller Tage steht? Auch hier also der Verdacht, daß ganze Völker, ganze gesellschaftliche Gruppen in großem Ausmaß ausgesondert werden und nicht in das Heilsgeschehen einbezogen sind. Solche unglaublichen Äußerungen sind auch im Neuen Testament greifbar.

Buggle versäumt es nicht, die Konsequenzen für die Kirchengeschichte namhaft zu machen: die Diskriminierungen, Ausgrenzungen, Verteufelungen bis hin zur physischen Vernichtung der sogenannten Ketzer, Hexen und Andersgläubigen etc. Die Aufreihung dieser Vorwürfe gegenüber dem Alten und Neuen Testament könnte fortgesetzt werden. Es soll hier aber jetzt ein weiterer Schritt vollzogen werden in Ernstnahme der Vorbehalte, die vielen in unseren Tagen vielleicht gar nicht so bewußt sind, weil sie die Bibel nicht lesen — Buggle hat immerhin die Bibel gelesen. Man muß ihm zugestehen, daß die eben beschriebenen Phänomene für heutige Ohren tatsächlich unerträglich sind.

II. Perversion im Detail —
Fallbeispiele aus Josua und Richter

Eine Verharmlosung des gravierenden Befundes läge in dem apologetischen Hinweis, daß auch andere Aussagen in der Bibel zu finden seien und man die Zeit und besonderen Umstände der literarischen Entstehung bedenken solle etc. Ich möchte vielmehr die Aussagen noch verschärfen und in einem exemplarischen Durchgang durch die Bücher Josua und Richter den Stein des Anstoßes zu einem Felsen machen.

Diese beiden Bücher, die von Buggle gar nicht zitiert werden, bieten sich deshalb besonders an, da sie die Anfänge Israels auf dem Boden Palästinas ins Auge fassen. Hier finden wir uns immer wieder mit dem Phänomen Gewalt konfrontiert.

1. Jos 2–4: Über den Jordan

Nach Jos 2 kommen die Kundschafter nach Jericho, werden dort von der Dirne Rahab versteckt und können die Stadt ungeschoren wieder verlassen. Dieser Aufriß ist das Vorspiel zu den nachfolgenden Episoden in den Kap. 3 und 4: der Übergang über den Jordan, der Einzug Israels ins Westjordanland mit sehr deutlichen Aussagen zur Vertreibung der Völker Kanaans, die in schematischer Übersicht in Sechser- oder Siebenerreihen benannt werden: die Kanaanäer, die Girgaschiter, die Perisiter etc. Der Text vermittelt den Eindruck, Israel habe den Fuß nur zu dem Zweck in das Land gesetzt, um die Vorbewohner zu vertreiben und sich deren Besitz anzueignen. Es ist schon eine Sache für sich, solche Texte in ein akzeptables Licht zu stellen. Wir sollten es natürlich versuchen. Verwunderlich ist es, daß man sich in der

Befreiungstheologie auf die Texte des Exodus, der Befreiung aus Ägypten besonnen hat, die oben genannten Texte aber, die das Gegenteil und vielleicht sogar die Ideologie der Machthaber zu unterstützen scheinen, nicht zu Rate gezogen hat. Wir sehen, welche Spaltung, welcher Widerspruch auch durch die Rezeptionsgeschichte geht. Im Grunde sind solche Texte, die von einer gewaltsamen Inbesitznahme Palästinas sprechen, geradezu eine Aufforderung und Legitimation für alle, die sich der Vertreibung, der sogenannten ethnischen Säuberung bedienen. So nimmt es nicht Wunder, wenn in fundamentalistischen Kreisen Südamerikas, Südafrikas oder auch Südeuropas ethnische Säuberungen mit bibelbezogenen Argumenten begründet werden. Man versteift sich darauf, Hüter einer angeblich lupenreinen christlichen Tradition zu sein. Eine fatale Konsequenz! Ein Freibrief für die Eroberer aller Zeiten?

2. Jos 6: Auslöschung des Lebens

In Jos 6 ist von Aktionen des Josua als eines Heerführers die Rede. Wir hören, daß Jericho, die Stadt, die am besten befestigt und gesichert sein soll (V. 1), von Israel in einem Gewaltstreich genommen wird. Der jetzige Eindruck des Textes vermittelt äußerste Grausamkeit in der Vernichtung der Stadt und ihrer Bewohner, die bis zum letzten Lebewesen ausgerottet werden. Das Alte Testament hat sogar einen speziellen Ausdruck für solche Gewaltaktionen parat, einen Ausdruck, den man mit Vernichtung, genauer mit „Vernichtungsweihe" übersetzen kann, um damit klarzustellen, daß auf göttlichen Befehl hin — das ist ja das Schockierende daran — die Stadt Jericho zerstört werden soll und schließlich zerstört worden ist. So der jetzige Eindruck in Jos 6. Ob das der zutreffende oder der ausschließliche ist, das ist allerdings zu hinterfragen. Ehrlicherweise muß man aber zuerst einmal wahrnehmen, wie ein Text in der heutigen Verfassung auf den unvoreingenommenen Hörer / Leser wirkt, wie er ankommt. In diesem Anliegen hat Buggle ganz recht, wenn er fragt, wie ein solcher Text heute wirkt. Die Theologen können zwar differenzieren, sie können Schichtungen in den Texten eruieren, sie können zeigen, daß z. B. in der anfänglichen Überlieferung des Textes Jos 6 von Gewalt gar nicht die Rede ist, daß diese Äußerungen erst vom Deuteronomisten eingebracht worden sind usw. Dennoch bleibt der fatale Eindruck bestehen, daß die Totalität der „Vernichtungsweihe" auf göttlichen Befehl zurückzuführen ist. Ein „kanonisches" Lesen der Texte zwingt geradezu zur Wahrnehmung des Inhumanen und Unheiligen.

Wir werden im Fortgang unserer Überlegungen einer solchen Interpretation ganz andere Erklärungsmodelle entgegenhalten müssen als die, welche möglicherweise von Exegeten in einer wohlmeinenden und durchaus begründeten Zergliederung des Textes formuliert werden. Die Entgegnung muß auf ganz anderem Niveau stattfinden, indem sie die Herausforderung der schreienden Gewalt annimmt, dann aber hellhörig dafür werden läßt, was das Alte Testament selbst zur kontrastierenden Überwindung der Radikalismen apostrophiert hat.

3. Jos 8 ff: Weitere Vernichtungsprogramme

Schauen wir uns im Buch Josua weiter um: Da ist in Jos 8 die Rede von der Eroberung und Zerstörung von Ai, einer Stadt nicht allzuweit von Jericho entfernt. Auch hier Vernichtungskrieg ebenso wie bei anderen Städten wie Lachisch oder Eglon, die im Zusammenhang mit der Verfolgung kanaanäischer Könige genannt werden und ebenfalls der Vernichtung anheimfallen. So muß man den Eindruck gewinnen, Josua habe nichts anderes im Sinn als die gewalttätige Zerstörung des Landes verbunden mit der Vertreibung und Vernichtung der Einwohner. Die ersten zwölf Kapitel des Josuabuches, die von der Eroberung des Landes handeln, scheinen durchweg einer Linie zu folgen: eine von Gott legitimierte Eroberungspolitik verbunden mit der Vertreibung der Bewohner und Vernichtung allen nichtisraelitischen Lebens. Natürlich kann man solche Aussagen nicht uninterpretiert stehen lassen, aber der erste Eindruck ist nun mal ein fataler, und er wird von vielen Menschen geteilt mit der Konsequenz, daß man, wie schon angedeutet, Israel keinerlei Botschaft zur humanen Veränderung zutraut.

Der zweite Teil des Josuabuches ist in diesem Zusammenhang nicht so bedeutsam, da in der Hauptsache Ortsnamenlisten und Bestandsaufnahmen des eroberten Gebietes vorliegen. Allerdings implizieren auch diese die Vertreibung der Bewohner und berichten von der Tatsache, daß Israel sich in den Besitz dieser Territorien gesetzt hat. Eine verhängnisvolle aktuelle Konsequenz in der Wirkungsgeschichte dieser Texte wird im Verhalten der heutigen radikalen Siedler in Palästina deutlich, die diese Angaben der Schrift als ihre Urkunde wortwörtlich verstehen und danach vorgehen. Sie fragen nicht nach dem Werden der Texte, sondern nehmen aus dem Jetztzustand des Textes ihre Legitimation und machen daraus ideologische Besitzansprüche geltend. Man beruft sich auf die Bibel, und dieser „Rechtsanspruch" soll auch mit Gewalt in die Tat umgesetzt werden. So ist es durchaus aktuell, hier zurückzufragen und nach gegenläufigen Positionen Ausschau zu halten.

4. Ri 1: Eine Empfehlung zur Säuberung

Lassen wir uns aber zunächst noch „gefangennehmen" von dem Schrecken, der in den Textfassungen artikuliert wird, auch im Buch der Richter. Dort begegnen uns ähnliche Phänomene. Das Richterbuch erzählt von Einzelpersönlichkeiten, die aus dem Rahmen fallen, deren charismatische Existenz beschrieben wird, die aber alles andere als humane Zeitgenossen sind, wenn es um die Auseinandersetzung mit Gegnern geht.

Das Buch der Richter beginnt damit, daß Juda dafür gelobt wird, daß es sich in den Besitz der Territorien im Süden gesetzt hat. Alle anderen Stämme werden kritisiert, weil es ihnen nicht gelungen ist, alle Bewohner des Landes aus den ihnen zugedachten Gebieten zu vertreiben. Es wird ausdrücklich bedauert, daß die Stämme es nicht zur vollständigen ethnischen Säuberung haben kommen lassen. Dieses Nichtvermögen wird sogar als Schuld vor Gott bezeichnet. Eine extrem radikale Äußerung zu Beginn des Buches.

5. Ri 3 ff: Brutale Retter und Richter

Im weiteren Verlauf der Erzählungen treten dann Retter und Richter in Erscheinung, die keine humanen Prinzipien gelten lassen. Ja, man hat den Eindruck, daß der Erzähler, der etwa über den Richter Ehud Auskunft gibt, geradezu ein Wohlgefallen daran hat, diesen als einen Sadisten hinzustellen, der den König von Moab, Eglon mit Namen, auf bestialische Weise liquidiert. Diese zur Schau gestellte Freude am Sadismus ist etwas Ungeheuerliches und macht verständlicherweise modernen Lesern sehr zu schaffen.

Im Richterbuch wird nicht nur von Männern Grausames berichtet, sogar Frauen bedienen sich solcher Greueltaten: Jael z. B. (Ri 4), die Sisera einen Holzpflock durch den Kopf jagt, der späteren Judit vergleichbar, die dem Holofernes den Kopf abschlägt — massive Gewaltakte, die in einer zivilisierten Gesellschaft überhaupt keinen Platz haben dürften. Nicht einmal in kriegerischen Aktionen früherer Tage hätte man solche Taten ohne weiteres positiv bewertet. Nun belehrt uns allerdings die Gegenwart, daß unglaubliche Grausamkeiten bis in unsere Tage geschehen. Gerade Frauen werden in Extremsituationen gewaltsamer Bedrohung hineingetrieben, die nicht fromme Demut oder heiligmäßige Ergebenheit, sondern Widerstand auf Leben und Tod notwendig erscheinen lassen.

Auch hochstehende Persönlichkeiten im Richterbuch sind keineswegs von Gewaltaktionen ausgenommen. Denken wir an Gideon, der in den Kapiteln 6–8 das Geschehen diktiert. Er verfolgt die Midianiter und trachtet nur danach, deren Existenz zu vernichten bzw. wenigstens ihre Angriffslust zu dämpfen, um für Israel beste Ausbreitungsmöglichkeiten zu sichern.

Des weiteren ist Abimelech (Ri 9) zu nennen, ein radikaler Tyrann, der zwar im Alten Testament selbst keine Wertschätzung erfährt, jedenfalls nicht im Jetztzustand des Textes, der sich auf ganz widerliche Art zum Tyrannen, zum König macht, letztlich aber durch den Stein, den eine Frau wirft, den Tod findet. Das alles sind Ereignisse, die bei frommen Lesern Entsetzen hervorrufen und zugleich Unverständnis, wie in der „Heiligen Schrift" von solch unheiligen Schandtaten berichtet werden kann, die obendrein auch noch von Gott sanktioniert zu sein scheinen.

Unmenschliches wird vom Richter Jiftach erzählt, nämlich, daß er seine eigene Tochter zum Opfer darbringt (Ri 11). Was ist das für eine Perversion des Humanen, die mit „Gottes Segen" über die Bühne geht? So sehr wir auch eine religionsgeschichtliche Zuordnung des Motivs bemühen können und auch die Tragik in der Darstellung des Geschehens wahrnehmen, es bleibt die schier unannehmbare Provokation, ein einmal Gott gegebenes Versprechen mit einem Menschenopfer einlösen zu müssen. So können wir das Richterbuch bis zum bitteren Ende durchstudieren und hören immer wieder Ähnliches.

6. Ri 13–16: Der gottgefällige Terrorist

Die Heldentaten eines Simson werden verherrlicht, der reihenweise Philister zur Strecke bringt. Begeistert wird von diesem Naturburschen erzählt, er habe das alles mit dem Geist Gottes getan als „Nasiräer", als Träger des Geistes Gottes, als Geweihter Gottes — zumindest nach der Version, die der Text heute bietet. Simson habe aufgeräumt unter den Philistern, der Geist Gottes habe ihn umgetrieben, und so habe er sich seiner Feinde entledigen können. Schließlich habe er beim letzten Aufbäumen seiner Heldenkraft Scharen von Philistern mit in den Tod gerissen. Was sind das für Texte, müssen wir fragen? Die Zurückhaltung, solche Texte unvermittelt vorzutragen oder gar im Gottesdienst zu verwenden, ist nur zu verstehen.

7. Ri 19–21: Greuel und Vergeltung

Schließlich wird von der Greueltat der Männer von Gibea im Stamme Benjamin berichtet, die die Frau eines Gastes zu Tode drangsalieren. Ganz Israel beschließt daraufhin, die Benjaminiter zu verfolgen und mit Krieg zu überziehen, wobei es erneut zu Schlachtereien und Metzeleien kommt. Damit endet das Richterbuch — Gewalt von Anfang bis zum Ende. Man kann diejenigen verstehen, die solche Aussagen nicht als Devise für Christen anerkennen können und daher von der Bibel gebührenden Abstand nehmen wollen. Die „Heilige Schrift" gerät bei solcher Lektüre in Mißkredit, jedoch nicht nur sie und ihre Autoren, sondern letztlich Gott selbst, ihr geistlicher Urheber, wie man auch immer die „Inspiration" umschreibt. Dieser Hauch Gottes ist nach dem Eindruck nicht weniger Zeitgenossen nicht Lebensatem, sondern ein Hauch des Todes und zum Tode.

8. „Offenbarung von unten"

Trotz des „kanonischen" Negativbefundes ein Plädoyer für ein kritisch-solidarisches Verhältnis zur Bibel? Vielleicht liegt gerade darin, um ein wenig vorauszuschauen, der herausfordernde Aspekt. Die Bibel ist kein sittliches Lehrbuch, sie ist kein Dokument, aus dem wir Verhaltensweisen ablesen können. So ist es unsinnig, mit aus dem Zusammenhang herausgegriffenen Schriftzitaten bestimmte Thesen untermauern zu wollen. Israel hat Anspruch darauf, daß man jeden einzelnen Text dort abholt, wo er entstanden ist. Man muß nach dem Kontext fragen. Das ist nicht nur eine äußerliche oder formale Forderung, sondern sie hat eng mit der Auslegung zu tun. Läßt man den Kontext beiseite, gerät man ins Abseits. So ist es gerade bei diesen sehr strittigen Fragen dringend geboten, die Situation zu erkunden, in die die Texte hineingestellt sind. Damit wollen wir in keiner Weise die Provokation und Anstößigkeit beiseite schieben. Diese bleibt, und sie bleibt deswegen, weil in der Bibel ein nüchternes Bild gezeichnet wird, wie es unter Menschen zugeht. Vielleicht müssen wir die Abgründe menschlichen Handelns in unseren Tagen am Beispiel Jugoslawiens oder Ruandas neu erleben, um nachvollziehen zu können, was unter Menschen möglich ist, selbst, wenn sie sich auf ihren Gott berufen. Es gibt diese exzessiven Erscheinungen in der menschlichen Gesellschaft, vor denen man die Augen nicht verschließen kann. So möchte ich doch zunächst festhalten: die Bibel ist ein zutiefst ehrliches Buch, sie beschreibt die Radikalismen, die Perversionen und deckt sie auf. Ich rechne das auch zur Offenbarung und möchte von einer „Offenbarung von unten" sprechen. Selbst die auf die Spitze getriebene Perversion, daß Gott als Wegweiser der Unmenschlichkeit gilt und für lebenzerstörende Praktiken in Dienst genommen wird, kommt ungeschminkt zur Sprache.

Es bleibt also zugestandenermaßen ein fataler Eindruck, wenn man mit der Bibel alleingelassen und mit einer Manifestation von Gewalt konfrontiert wird. Selbstverständlich bewegt es uns, diese Manifestation der Gewalt zu hinterfragen und zu überprüfen. Die Frage drängt sich auf: Kann man überhaupt mit einem solchen Buch leben, Verkündigungsarbeit gestalten? Andererseits spricht die Radikalität der „Entäußerung" in der Schrift genau in erfahrene Situationen der Gegenwart.

III. Gewalt — ein Geburtsfehler der Schöpfung?

Die Intensität der Äußerungen von Gewalt in der Bibel scheint den Eindruck nahezulegen, Gewalt sei schon von allem Anfang an in der Wirklichkeit gegenwärtig und gewissermaßen in der Schöpfung verankert, so daß sich nichts, auch die Bibel nicht, dagegen sträuben könnte. Ein kosmisches Phänomen gewissermaßen, das in die Welt, in das Leben eingreift und immerzu präsent ist. In diesem Befund glaubt man sich sogar durch die Bibel bestätigt. Redet sie nicht gleich in den ersten Versen davon, daß es in dieser Welt von Anfang an ein Durcheinander gegeben habe, ein „Tohuwabohu" (Gen 1,2), das nicht schlechthin annulliert worden ist, sondern das sich immer wieder Bahnen verschafft und in die Zone des Lebens einbricht? Redet die Bibel nicht auch immer wieder vom Chaos als der totalen Zerstörungs- und Vernichtungsstrategie, die von allem Anfang an dem Geschaffenen innewohnt und bekämpft werden muß?

1. Chaoskampf am Anfang?

Vor fast 100 Jahren hat ein bekannter Religionsgeschichtler mit geradezu programmatischen Äußerungen die Ausgangslage des göttlichen Schöpfungsgeschehens zu beschreiben gesucht. Am Anfang sei das Chaos als der große Widersacher des Kosmos zu einer fundamentalen Auseinandersetzung angetreten. Hermann Gunkel, der Begründer der „Formgeschichte", vermittelt in seinem Buch „Schöpfung und Chaos" (Göttingen 1895) den Eindruck, als habe am Anfang der Schöpfung so etwas wie ein elementarer und exemplarischer Chaoskampf stattgefunden, wobei sich die gute Schöpfung gegenüber der bösartigen Welt gewaltsam durchsetzen mußte. Schon der Titel bringt zum Ausdruck, daß es einen spektakulären Kampf am Anfang der Zeit gegeben habe. Sowohl der Alte Orient wie auch die Bibel spiegeln nach Gunkel diese originäre Auseinandersetzung wider.

Mesopotamien

H. Gunkel beruft sich auf die damals geltende babylonische „Welle". Damit sind die Erkenntnisse gemeint, die man durch das Studium der mesopotamischen Kulturen gewonnen hatte. Man glaubte daraufhin, aus den großen epischen Werken Babyloniens, wie z. B. aus dem sogenannten Schöpfungsepos „Enuma Elisch" (das zwar nicht ganz zu Recht so bezeichnet wird) Verständnishilfen für die Arbeit mit der Bibel gewinnen zu können. In diesem Epos ist die Rede vom Sieg des Gottes Marduk über eine chaotische Gegnerin namens Tiamat. Dieser fundamentale Kampf, dieser Chaoskampf, sei gewissermaßen die Wurzel allen Geschehens bei der Schöpfung geworden. Die Überwindung Tiamats als der Repräsentantin der ungeordneten Welt sei dem Gott Marduk zu verdanken, und immer wieder werde die Erinnerung an diesen Kampf gefeiert, insbesondere beim babylonischen Neujahrsfest oder auch bei der königlichen Thronbesteigungsfeier. In solchen repräsentativen Liturgien komme noch einmal die ganze Gefährdung der Schöpfung zum Vorschein, aber sie werde durch den Auftritt des Herrschers in Nachahmung und in Stellvertretung des Gottes Marduk überwunden. Der Gegner aller Ordnung, das Chaos, werde wie am Anfang, so stets aufs neue zu Fall gebracht.

So wurde bis in unsere Tage das babylonische Epos „Enuma Elisch" interpretiert, und man glaubte, der biblischen Sichtweise so näher kommen zu können. Es ergaben sich auf den ersten Blick auch sprachliche Anklänge. Haben wir es nicht in Gen 1,2 mit einer Größe zu tun, die so ähnlich lautet wie Tiamat, nämlich *tehom*, die Bezeichnung des wäßrigen Abgrunds, der unheimlichen Tiefe? Könnte es nicht sein, so die damalige Mei nung, daß die biblischen Autoren, allen voran die Autoren der Priesterschrift, die ja im Exil fertiggestellt wurde, Anleihen bei den babylonischen Literaten in Aufnahme der Vorstellung vom urgewaltigen Chaoskampf gemacht haben? Marduk sei dabei durch Jahwe, den Gott Israels, ersetzt worden, dem man zutraute, auf ganz andere Weise und viel energischer mit dem Chaos fertig zu werden. Diese Sicht war über lange Zeit gängige Position in der Religionsgeschichte, genauer in der alttestamentlichen Religionsgeschichte. Gunkel steht nach wie vor als Repräsentant dafür da. Inzwischen ist seine These aber doch einer energischen Diskussion darüber unterworfen, ob man so insbesondere dem biblischen Quellenbefund gerecht wird. Zunächst konnten viele weitere Argumente gesammelt werden, die die Annahme stützen, daß auch in weiteren vorderasiatischen Kulturen die Idee von einem urzeitlichen Chaoskampf vorhanden war, einem Urstreit, konstitutiv für die Schöpfung, der aber immer wieder aufflammt und immer wieder bewältigt werden muß. Anders ausgedrückt: die Gewalt ist von Anfang an da, wird spektakulär bezwungen, macht sich aber immer wieder störend bemerkbar, bedrängt das Leben, obwohl sie in einem elementaren Sieg am Anfang von Gott diszipliniert worden ist.

Ugarit

So fand man in der Hafenstadt Ugarit am Mittelmeer ebenfalls Anhaltspunkte für die Idee eines Chaoskampfes am Anfang. Man deutete den sogenannten Baals-Mythos in dieser Richtung und wollte den Gott Baal, der für besondere Vitalität, für die Naturmächte steht, als einen Vorkämpfer gegen die Macht der Urflut ansehen. Baal bezwingt das Meer und die Meeresmacht mit ihren gefährlichen Brandungen und Wassermassen, die das Leben der Küstenbewohner immer wieder in Gefahr bringen. In den religiösen Vorstellungen der Stadt Ugarit wird dieser Kampf des Baal gegen den Meeresgott *Yam* (vgl. hebr. *yam* = „Meer") als elementarer Streit dargestellt, der sich in der Geschichte fortsetzt, der aber dadurch vermieden werden kann, daß sich ein Herrscher diesem Gott Baal widmet bzw. ihm Opfer darbringt und ihn in seiner erneuernden, vitalisierenden Kraft bestätigt.

2. Gott kommt aus der Tiefe

Ägypten

Im umfassendsten Sinn hat sich die Hochkultur Ägyptens mit den Chaosmächten beschäftigt. Die Forschung gelangte hier schon früh zu der Erkenntnis, daß die chaotische Wirklichkeit bei den Ägyptern, anders als in Mesopotamien, nicht von vornherein als etwas abgrundtief Schlechtes oder Lebloses, als etwas nur Zerstörerisches galt. Überraschend ist die Meinung der Ägypter, daß das Chaotische zwar ungeordnet ist und bleibt, daß es aber doch so viel Leben in sich trägt, um aus dem Ungeordneten das Geordnete hervorkommen zu lassen. Für unsere Ohren klingt das außerordentlich modern. Die zeitgenössische Naturwissenschaft beschreibt ebenfalls Strukturen des Chaos, denen so viel Bewegung und Ordnungsfähigkeit innewohnt, daß sie geordnete Wirklichkeiten aus sich entlassen, aber auch wieder ins Ungeordnete zurückfallen lassen können. Eine entfernte Ähnlichkeit zu dem, was die viertausend Jahre alte Kultur der Ägypter bereits vorgedacht hat, indem sie dem Urchaos immerhin das Hervorkommen des Sonnengottes zutraute. Eine unglaubliche Vorstellung! Der Sonnengott steigt aus dem „Nun" (Fachausdruck für die unterirdische Urflut, Inbegriff des Chaotischen) hervor, nicht nur am Anfang der Zeit, sondern immer wieder neu, jeden Tag. Bei Sonnenaufgang kommt er aus der Tiefe hervor und überwindet die Gefahren, die ihm im Verlauf des Tages bei der Fahrt über den Himmel drohen. Trotz aller zerstörerischen Dämonie, die das Chaotische in sich birgt, haben die Ägypter ihm auch einen ambivalenten Platz zugewiesen, in der unergründlichen Tiefe zwar, aber zugleich mit einer Qualität, die nicht ohne aktive Potenz, nicht ohne positive Wirksamkeit ist, die sich keineswegs als leblos oder als dumpfe Masse erweist.

Ganz anders die Griechen, die, v. a. von der aristotelischen Philosophie beeinflußt, die ihrer Meinung nach formlose, tote Masse als Substrat der Schöpfung mit dem griechischen Wort „Chaos" (eigentlich das „gähnende Loch") belegt haben. Das Verständnis von Chaos als Inbegriff negativer Existenz in der antiken mediterranen Literatur ist nicht identisch mit dem, was sich die alten Ägypter darunter vorgestellt haben. Diese billigten der präkosmischen Welt immerhin die Potenz zu, den hervorzubringen, der nachher die Ordnung garantiert.

Palästina

Damit erhebt sich die Frage, welche Vorstellungen in Israel in bezug auf eine präkosmische Gewalt und auf Erscheinungen im Sinne eines „primordialen" Chaoskampfes geherrscht haben mögen.

Hier zeigt sich doch eine recht deutliche Anlehnung an die Einsichten der Ägypter, v. a. in Südpalästina, während Nordpalästina stärker syrischen und mesopotamischen Ideen zuneigt. Palästina / Israel, geographisch im Raum zwischen den beiden antiken Hochkulturen gelegen, empfängt von beiden Seiten Einflüsse, angereichert durch Elemente aus anderen mediterranen Räumen. Daraus entwickelt sich natürlich ein außerordentlich schwierig zu durchschauendes Geflecht von Vorstellungen. Israel partizipiert an den Strömungen, die von allen Seiten auf es zukommen. Trotzdem zeigen sich in Israel vorwiegend Anklänge an die ägyptische Mythologie. Das Chaos des Anfangs wird auch in Israel nicht so schlecht charakterisiert, daß es nur mit einem exemplarischen Chaoskampf bewältigt werden könnte. Von einem primären Chaoskampf spricht das Alte Testament überhaupt nicht. Wenn man aufmerksam Gen 1,2 liest, findet man nichts davon — wohl aber eine nüchterne, in Kurzsätzen gehaltene Beschreibung des Urzustands. Unter Beibehaltung schwer übersetzbarer Ausdrücke wählen wir folgende wörtliche Wiedergabe:

Die Erde war tohu *und* bohu, *Finsternis war über* tehom, *die* ruach Elohim *war flatternd über den Wassern.*

Die Übersetzungen haben in den meisten Fällen den Text geglättet, um ihn verständlicher zu machen. Man muß aber bei den bewußt gewählten Ausdrücken des Originaltextes besonders auf die mythologischen Dimensionen achten.

Mit der Erfassung der literarischen Aussage von Gen 1,2, die noch näher zur Debatte stehen soll, können wir jedoch die kanaanäische und frühisraelitische Konzeption vom Schöpfungsbeginn nicht erreichen, denn die zitierte Aussage ist von Autoren der sogenannten Priesterschrift in der Zeit des babylonischen Exils im 6. Jahrhundert v. Chr., also aus viel späterer Sicht formuliert worden.

Vor einer Zuordnung und Bewertung der Aussage von Gen 1,2 sollte der religionsgeschichtliche Befund für den südpalästinischen Raum betrachtet werden, damit verständlich wird, warum sich in Israel eine Beurteilung des Chaos artikuliert, die Ägypten näher steht als Mesopotamien oder Syrien.

Die Religionsgeschichte der Anfänge Israels, d. h. der Zeit der Wende vom 2. zum 1. Jahrtausend, stellt sich in unseren Tagen deutlicher dar. Heute ist die Möglichkeit gegeben, eine Religionsgeschichte des kanaanäischen Raumes weithin ohne die biblischen Informationen zu rekonstruieren. Die Bibel ist ja nicht die primäre Quelle, um Geschichte zu erfassen, sondern ein Buch der Interpretation, auch mit dem ernüchternden und radikalen Befund, den wir bereits zur Kenntnis genommen haben. Die Bibel bietet keine unmittelbare Kopie dessen, was gleichzeitig über die Bühne geht. Die moderne Forschung kann mehr und mehr archäologische Fundstücke anbieten, die im Laufe der Zeit zutage getreten und so aussagefähig sind, daß man sie unbedingt zu Rate ziehen muß.

Ich möchte einige Beispiele aus der palästinischen Ikonographie vorstellen, die die Bezwingung des Chaos durch eine ordnende Instanz zum Inhalt haben. Diesen ins Bild gesetzten Chaoskampf müssen wir aber zunächst trennen von der Vorstellung des präkosmischen Chaos. Beide Phänomene, sowohl die Vorstellung einer ungeordneten Welt vor Beginn der Schöpfung als auch die Idee von einem ständigen Kampf, der in der Natur vor sich geht und worin das Chaos besiegt wird, sind jedoch vorhanden. Wie beides zusammengeht, ist nicht einfach zu erkennen. Wir wollen versuchen, ein wenig dahinterzukommen. Eines ist sicher: Ein Chaoskampf, der am Anfang des Schöpfungsgeschehens gestanden hätte, ist für die Vorstellungswelt im alten Palästina nicht eindeutig nachweisbar.

Chaoskampf in Bildern

Abb. 1

Der ikonographische Befund kann sich auf figürliche Darstellungen, vor allem aber auf die Miniaturkunst stützen, und zwar auf die dekorierten Unterseiten von Skarabäen, die eindeutig ägyptische Beeinflussung zeigen, aber auch teilweise ihren kanaanäischen Entstehungsort nicht verleugnen können.

Abb. 1 zeigt eine Gestalt in der Pose eines kampfbereiten Menschen mit erhobenem Arm, der eine Handwaffe trägt. Es handelt sich eindeutig um einen kanaanäischen Gott, wohl Reschef, also um eine kriegerische Gottheit, die mit ihrer Befähigung, das Chaos zu besiegen, dargestellt ist. Die Art und Weise, eine schlagende Gottheit darzustellen, ist vor allem in der Spätbronzezeit (ca. 1500–1200 v. Chr.) verbreitet, und Fundstücke belegen diese Darstellung sogar noch für die frühe Eisenzeit (ca. 1200–1000 v. Chr.). Daß es zur göttlichen Dominanz gehört, Gewalt auszuüben, ist für den Kanaanäer selbstverständlich.

Skarabäen wurden gern als Amulette verwendet. Wer ein solches Amulett mit sich trägt, versucht auf der Seite des Siegers zu stehen und erwartet sich auch persönliche Hilfe von dem, der das Chaos bezwingen kann, Parteinahme also für den, der Gewalt gegen Gewalt setzt. Häufig ist die Identifikationsfigur eine königliche Gestalt, ausgestattet mit Kennzeichen eines ägyptischen Königs, des Pharao. Der Pharao steht in seiner gott-königlichen Autorität für die Repräsentanz der Ordnung da, und sein Gegenüber (in Menschen- oder Tiergestalt) versinnbildet die chaotische Welt.

Abb. 2 (siehe folgende Seite) zeigt eine Gestalt zwischen zwei Krokodilen. Wahrscheinlich handelt es sich um eine Repräsentation des Königs als Horus, d. h. als Sohn des Sonnengottes. Die Krokodile werden hier an den Hinterbeinen hochgerissen und so bezwungen. Die Auseinandersetzung mit dem Krokodil ist für die Ägypter zu einer Art Paradekampf zwischen dem Guten und dem Bösen geworden. Die Konfrontation erinnert zwar an den mythischen Kampf zwischen Horus und Seth, bedeutet aber keine Aktualisierung eines primären Chaoskampfes. Sonst muß das Krokodil nicht immer einer exklusiven Negativwertung ausgesetzt werden, denn als Tier, das sich anders als der Mensch gleich gut zu Lande und zu Wasser bewegen kann, wurde es gelegentlich auch ganz besonders geschätzt und in bestimmten Regionen Ägyptens sogar göttlich verehrt.

Abb. 2

Krokodil und Nilpferd sind auch die Tiergestalten, die in der zweiten Gottesrede des Buches Ijob (40,6–41,26) eine Rolle spielen. Sie sind die Lebewesen, die jeweils das Chaos versinnbilden: der Leviatan, ein überdimensionales Krokodil, und Behemot, ein überdimensionales Nilpferd. Die Charakteristiken dieser Monster lassen erkennen, daß diese beiden Tiere sowohl in Ägypten als auch auf dem Boden Palästinas, auf dem dieser Skarabäus gefunden wurde, als dämonische Wesen, als Verkörperungen einer Art Gegen-Kosmos verstanden worden sind. Wer nun ein solches Amulett mit der Darstellung eines Sieges über das Chaos mit sich führt, kann sich auf gottkönigliche Intervention und majestätischen Schutz berufen.

Der Gebrauch von Amuletten hat nichts Ehrenrühriges an sich. Es sei nicht verschwiegen, daß Christen prinzipiell ähnlichen Vorstellungen folgen, wenn sie sich ein Kreuz umhängen. Man muß dabei nicht notwendig ein magisches Verständnis unterstellen. Christen können hier an den Sieg des Gekreuzigten über den Tod denken. Im religionsgeschichtlichen Vorfeld einer solchen Glaubensüberzeugung steht aber die Idee, daß die Orientierung an einem exemplarischen Bezwinger des todbringenden Chaos die Gewähr für ein Überstehen eigener Notsituationen bietet.

Abb. 3

Ein weiteres Beispiel für einen Chaoskampf, der sich immer wieder vollzieht, gibt Abb. 3. Die Szene zeigt einen deutlich als Pharao stilisierten Menschen mit der ägyptischen Krone, der ein noch nicht eindeutig identifizierbares Tier packt, mit Sicherheit aber ein Tier der Wüste. Wichtig ist die Darstellung des Pharao als erfolgreich Schlagender in der Siegerpose, der so als Bezwinger des Chaos erscheint, als derjenige, der diese gefährliche Gewalt im Griff hat, wortwörtlich „im Griff" hat, selbst wenn das Tier für sich genommen keine Gefährlichkeit zum Ausdruck bringt. Es steht vielmehr symbolisch für alles, was aus der Wüste kommt, oder noch deutlicher: für alles, was aus dem asiatischen, aus dem östlichen Raum kommt. Natürlich hat man in Ägypten immer wieder der provozierenden Bedrohung durch die Nomaden und Völkerschaften des Ostens gedenken müssen. Selbst der Sonnenaufstieg im Osten bedurfte nach ägyptischer Vorstellung der Sicherung gegenüber den Sonnenfeinden. Solche Anschauungen konnten in Palästina u. a. darin nachwirken, daß man sich noch in der frühen Eisenzeit des Beistands des allmächtigen Sonnengottes vergewissern wollte, wie er im „schlagenden" Gottkönig vor Augen geführt wird.

Diese Amulette sind gewiß Dokumente der südpalästinischen Welt, in die Israel hineingewachsen ist. Ob die dort heimisch werdenden Israeliten des Anfangs sich solcher Amulette bedient haben, ist eher unwahrscheinlich, handelt es sich doch um Stükke, deren Nutzung den mit Ägypten relativ gut vertrauten Kanaanäern besser anstand. In späterer Zeit war Israel allerdings nicht mehr so wählerisch und konnte ähnliche Vorstellungen in seine eigene Ikonographie aufnehmen. Israel hat dabei Zug um Zug die Macht des Siegers über das Chaos auf seinen Gott Jahwe übertragen, der die Stelle des Pharao bzw. der Götter, die die Urgewalt besiegen, einnimmt. Wenn ich „Urgewalt" sage, unterstelle ich damit schon fast wieder, es handele sich um ein im Urkampf bezwungenes Chaos vor Beginn der Schöpfung. Es ist aber nicht die Urgewalt als präkosmische Instanz, die in diesen Szenen zum Ausdruck kommt, sondern es sind die immer wieder aufflammenden Störungsversuche des Chaos, die die einmal vollzogene exemplarische Disziplinierung des ungeordneten Zustands revidieren wollen. Anders gesagt: Am zyklisch wiederkehrenden Schöpfungsanfang wird durch einen hoheitlichen Akt, durch eine Setzung Gottes der Weg von der chaotischen Welt in die geordnete Welt geöffnet. Kein Kampf, kein Chaoskampf am Anfang, aber die Erfahrung, daß diese ungeordnete Welt immer wieder versucht, sich ihr Recht zurückzuerobern. Daraus ergibt sich der Grund für einen ständig zu beobachtenden Chaoskampf im Laufe der Weltgeschichte. So deuten es die Ägypter, und so deutet es die Umwelt Israels, und entscheidende Spuren finden wir auch in den sogenannten Schöpfungstexten des Buches Genesis.

Es ist da nicht die Rede von Urkampf, sondern vom göttlichen Wort, das eine neue Wirklichkeit setzt, den Raum schafft, das Licht schafft, die Zeit schafft: eine hoheitliche Setzung Gottes. Trotzdem gelingt es der vorkosmischen, ungeordneten Welt im Laufe der Geschichte immer wieder, sich bemerkbar zu machen, trotz des anfänglichen hoheitlichen Aktes. Chaoskämpfe gibt es also immer wieder, aber die Rückbesinnung auf den souveränen Erstlingsakt Gottes ist für Israel zugleich das Fundament, angesichts der Chaoskämpfe in der Welt Hoffnung zu bewahren, daß die ordnungstiftende göttliche Tat des Anfangs auf Dauer bestätigt wird und die absolute Überwindung des Chaotischen für die Zukunft in Aussicht stellt.

Es geht um die Demonstration dessen, was nach Einrichtung, Konstituierung der Schöpfung immer wieder geschehen kann: daß sich das Gute gegen das Böse durchsetzen muß. Die Erkenntnis ist bis zu dem Eingeständnis gediehen, daß die Schöpfung keineswegs abgeschlossen ist mit dem Tag, da die Welt entstand. Die Schöpfung muß weiter davor bewahrt werden, in einen Zustand zurückzufallen, der der Unordnung und Orientierungslosigkeit gleichkommt. Es gibt immer wieder störende Mächte, die die Ordnung der Welt unterminieren. Um das ins Bild zu fassen, hat man sich des „Chaoskampf-Mythologems" bedient.

3. Gottes königliche Hoheit von Anfang an

Eine Brücke zum Verständnis der biblischen Sicht mag sich mit dem Blick auf ein bekanntes Bild aus unseren Kirchenliedern bauen lassen. Im altehrwürdigen Adventslied „O Heiland, reiß die Himmel auf" heißt es in der dritten Strophe bemerkenswerterweise: „O Heiland, aus der Erden spring!" Aus der Erden? Sollte der Heiland nicht vielmehr von oben erwartet werden, von den Wolken des Himmels herabregnend?, so möchten wir fragen. Wir sehen, da stecken noch ganz frühe, aus dem Mythos stammende Erwägungen dahinter, daß die Rettung gewissermaßen von unten kommt, so wie etwa der ägyptische Sonnengott als der Begründer des Lebens überhaupt aus der Tiefe hervorkommt, den Lebensraum schafft, um dann die lebenswahrende Zeit zu eröffnen, nicht umgekehrt. Das Chaos des Anfangs wird nicht durch einen Kampf, sondern durch einen hoheitlichen Setzungsakt der Hochgottheit in Schranken gewiesen, während der Ort des Chaoskampfes, wo es um die Auseinandersetzungen von Gewalt gegen Gewalt geht, in der Geschichte liegt.

Widmen wir zur weiteren Kontrolle dieser These unsere Aufmerksamkeit zuerst den Stellen im Alten Testament, die scheinbar den Chaoskampf in Zusammenhang mit der Kosmogonie bringen. Der Zusammenhang zwischen Chaos, Chaoskampf und Schöpfung ist wichtig für die Frage, woher die Gewalt kommt. Ist sie in der Schöpfung der Welt so verankert, daß man sie gar nicht wegdenken könnte? Ist es nicht nach einschlägigen Texten so, daß die Auseinandersetzung mit der Gewalt die Schöpfung doch von allem Anfang an begleitet?

Jes 51,9–11: „Schlächter Rahabs" — „Durchbohrer Tannins"

In Jes 51,9–11 heißt es in einer imperativischen Anrede an Jahwe, genauer an den „Arm Jahwes":

Erhebe dich, erhebe dich, bekleide dich mit Macht, Arm Jahwes! Erhebe dich wie in den Tagen der Vorzeit, der Generationen von Ewigkeit! Bist du nicht der Schlächter Rahabs, der Durchbohrer Tannins? Bist du nicht der Trockenleger des Meeres, der Wasser des großen tehom, der die Meerestiefen zum Weg gemacht hat, damit die Erlösten hindurchziehen konnten? Die von Jahwe Geretteten kehren zurück und kommen voll Jubel nach Zion. Ewige Freude ruht auf ihren Häuptern, Wonne und Freude stellen sich ein, Kummer und Notschrei entfliehen.

Eine paradigmatische Lesung, die nach allgemeinem Verständnis der Adventszeit und auch der Bedürfnislage unserer Tage recht nahe kommt. Ist es nun aber so, daß Jahwe hier als Chaoskämpfer beschworen wird, der zu Anfang der Schöpfung aufgetreten ist, um das Chaos zu vernichten? Nach dem ersten Eindruck ist es so. „Bist du nicht der Schlächter Rahabs?" Rahab ist eine Symbolfigur, die für das Dämonische des Chaos steht. Genauso ist es mit der Bezeichnung Tannin. Tannin stellt eine Art Drache, möglicherweise eine geflügelte Schlange dar, die der besser bekannten Bezeichnung Leviatan nahesteht. Der Leviatan steht für die das Dämonische des Chaos darstellende Schlangenfigur, die durch den Speer des Gottes Baal durchbohrt wird. Der kanaanäische Baal steht wiederum dem ägyptischen Gott Seth sehr nahe, der in Ägypten zwar überwiegend den bösen Gott repräsentiert, in Vorderasien aber unter Gleichsetzung mit dem kanaanäischen Baal eindeutig eine naturmächtige Gottheit mit positivem Vorzeichen meint. Der Gott Seth = Baal wird auf Skarabäen gelegentlich, wenn auch selten, dargestellt, wie er seinen Speer auf eine geflügelte Schlange richtet. Die Vorstellung vom „Durchbohrer Tannins", die mittlerweile auch szenisch in der Kunst des Alten Orients greifbar ist, steht hinter dem Text aus Jesaja. Es ist wichtig, daß wir uns zu den bildlichen Elementen der Bibel auch zeitgleiche szenische Dokumente aus der palästinischen Kleinkunst vor Augen führen. Es sieht so aus, als wenn die genannten Prädikationen fast professionelle und konventionelle Bezeichnungen Gottes wären, die ihm von allem Anfang an zukommen. Man müsse Gott nur immer in Kult und Liturgie so anreden, um seine kosmische Ordnungsgewalt auf sich zu beziehen, um auf diese Weise von fremder und eigener Gewalttat frei zu werden.

Lange Zeit war dies die gängige Interpretation. Es liegt aber doch wohl etwas anderes vor. Wir müssen auch den Anschlußtext dazunehmen, denn er macht deutlich, worauf im Vorhergehenden angespielt wurde. „Bist du nicht der Trockenleger des Meeres, der Wasser des großen *tehom*, der die Meerestiefen zum Weg gemacht hat, damit die Erlösten hindurchziehen konnten?" Diese Aussage bezieht sich eindeutig auf die Herausführung aus Ägypten, auf den Exodus, auf die Rettung am Schilfmeer. Eine durchaus umstrittene Textstelle, die uns ja auch nach dem Schicksal der Ägypter fragen läßt; aber aus israelitischem Blickwinkel ist es die Erfahrung des Davongekommenseins und Gerettetseins. Die Geretteten konnten einen sicheren Weg nehmen und durch die Meerestiefen ziehen; ich erinnere an die plastische Darstellung in der priesterschriftlichen Version des Exodusgeschehens. Die Israeliten konnten trockenen Fußes hindurchgehen, weil Jahwe den Weg geschaffen und geöffnet hat. Es wird also eine überlieferte Erfahrung zum Grund genommen, Jahwe so anzureden, daß er die Wasser diszipliniert und überwindet. Da werden diese Wasser des Schilfmeeres im Bilde als Chaoswasser angesprochen, die Jahwe überwinden kann, um Israel den Weg in eine andere Zukunft, aus der Knechtschaft in die Freiheit zu eröffnen. Wir können hier gar keinen Bezug auf die Kosmogonie und den Anfang der Welt feststellen. Es wird in diesem Text überhaupt nicht der Versuch gemacht, einen uranfänglichen Chaoskampf zu thematisieren, sondern der Beter erinnert sich an eine überlieferte Heilstat Gottes und an ihre jeweils akute Gefährdung, deshalb kann er Jahwe auch unter dem Bild des Chaoskämpfers verstehen. Die Schöpfung ist längst geschehen, das Chaos ist abgedrängt, aber nicht ein für allemal vernichtet: das Leben in dieser Schöpfung wird weiterhin gefährdet sein. Der Psalmbeter versteht darunter in erster Linie die Gefährdung Israels, das sein Überleben letzten Endes Jahwe verdankt. Der Auszug aus Ägypten wird zum Exempel dafür, was Jahwe immer wieder tun kann, wenn man sich an ihn wendet. Der Exodus aus Ägypten kann sich immer wieder ereignen. Deshalb kann Jahwe der „Schlächter Rahabs" und der „Durchbohrer Tannins" genannt werden, weil er in der Geschichte die dämonischen Mächte besiegt. Von Kosmogonie ist nicht die Rede. Das bedeutet auch, daß der Eingriff Gottes nicht nur historiographisch oder erzählerisch präsentiert werden kann, sondern auch in der Bildsprache des Chaoskampfes. Jahwe als Chaosbändiger im Zuge der Geschichte, ein Element der Bildsprache. Der alte Exodus wird zum Muster und Signal einer Hoffnung auf den neuen Exodus.

Das führt uns auf eine weitere Interpretationsstufe: der Text redet ganz eindeutig von der Rückkehr aus dem babylonischen Exil. „Die von Jahwe Geretteten kehren zurück und kommen voll Jubel nach Zion". Der Verfasser spricht von einer ganz neuen Rettungserfahrung, die über das hinausgreift, was damals beim Auszug aus Ägypten geschehen ist. Er hat die Erlebnisse der Deportierten vor Augen, die aus dem babylonischen Exil nach Palästina zurückgekehrt sind und dem neuen Israel, dem beginnenden Judentum die Wege öffnen. Im Text findet sich eine ins Bild gefaßte Verherrlichung des neu-geborenen Volkes. Aber auch das ist keine Kosmogonie, sondern ein Eingriff des geschichtsmächtigen Gottes in das Geschick Israels. Jahwe wird als der beschworen, der für sein Volk Partei ergreift und ein aktiver Mitstreiter ist, nicht ein urkosmischer Chaoskämpfer, der ein für allemal dem Chaos einen Todesstoß gegeben hätte, sondern der, der in der Geschichte der Dämonie des Chaos widerstehen kann.

Psalm 93: Jahwe — Thronender von Ewigkeit

Ein anderer poetischer Text stammt aus dem Buch der Psalmen, ein Text, der für die Nachbarschaft von Kosmogonie und Chaos immer wieder als Beweis zitiert wird.

Der Herr ist König, bekleidet mit Hoheit; der Herr hat sich bekleidet und mit Macht umgürtet.
Der Erdkreis ist fest gegründet, nie wird er wanken.
Dein Thron steht fest seit Anbeginn, du bist seit Ewigkeit.
Fluten erhoben sich, Herr, Fluten erhoben ihr Brausen, Fluten erheben ihr Tosen.
Gewaltiger als das Tosen vieler Wasser, gewaltiger als die Brandung des Meeres ist der Herr in der Höhe.
Deine Gesetze sind fest und verläßlich; Herr, deinem Haus gebührt Heiligkeit für alle Zeiten. (Ps 93, 1-5)

Auch hier entsteht auf den ersten Blick der Eindruck von Jahwe als Chaoskämpfer von Anfang an. Er hat die Erde gegründet, und seine Machtstellung erweist sich darin, daß er dem Chaos einen vernichtenden Schlag erteilt hat. Wir müssen aber genauer zusehen. Es ist gewiß davon die Rede, daß die Erde fest gegründet sei (V. 1 und nochmals betont in V. 2a): „Fest gegründet ist dein Thron seit jeher, seit Ewigkeit bist du." Der springende Punkt ist aber, daß die Stabilität Gottes absolut nicht in Frage steht. Er muß sich nicht einem Chaoskampf aussetzen. Seine Souveränität ist nach diesem biblischen Bekenntnis von vornherein über alles kritische Hinterfragen und alle Störungen erhaben. Darum kann der Verfasser auch in dieser differenzierten Weise im Psalm von den Attacken des Chaos sprechen, wiederum mit Hilfe des Bildes von den Wassermassen, die über den Menschen oder einem Volk zusammenschlagen können: „Es erhoben Ströme, Jahwe, es erhoben Ströme ihre Stimme" — die sprachliche Gestaltung will diese Attacke nachempfinden lassen — „es erhoben Ströme ihren Schlag". Der Dichter springt in die erfahrbare Gegenwart und verdeutlicht, daß das Ganze nicht etwas ist, was der Urvergangenheit, dem Entstehungsprozeß der Schöpfung zugehört, sondern daß es etwas gegenwärtig Erfahrbares ist. In unserem Text wird auch gar nicht auf die Erfahrung der Befreiung aus Ägypten oder aus dem Exil unmittelbar Bezug genommen. Man spürt, daß hier eine Grunderfahrung der Menschen über alle Zeiten hinweg artikuliert wird. Es war damals so, und es ist heute so, daß Chaosmächte kommen, um den Menschen zu stören. Darum greift der Verfasser zurück auf Jahwe, der von vornherein auf einem Thron sitzt, der wirklich Macht hat, dem Chaos grundsätzlich die Grenzen zuzuweisen, der eine Auseinandersetzung im Sinne eines Chaoskampfes selbst gar nicht nötig hat, dessen Souveränität so weit greift, daß sie stützend ist für alle Zeiten und daß dieser Jahwe Hoffnungsträger, Hoffnungsinstanz über alle Problemzonen hinweg ist. So kann auch das Bild in V. 4 fortgesetzt werden: „Gewaltiger als das Toben vieler Wasser, gewaltiger als das Brausen des Meeres ist gewaltig Jahwe in der Höhe."

Man mag Anstoß nehmen an dem Ausdruck „Gewalt" oder „gewaltig", aber wir kommen gar nicht darum herum, die Gewaltigkeit, die Gewalt Gottes nach der Bibel ins richtige Licht zu setzen. Wir können uns nicht daran vorbeistehlen, denn es ist in der Tat kein anderes Wort und keine andere Umschreibung möglich. Wir haben in unserem normalen Sprachgebrauch von

Gewalt nur die negative Seite entdeckt und nicht das Dynamische der Gewalt oder das Verändernde, das Eingreifende und radikal Umformende bedacht. Wir haben das Wort „Gewalt" zu sehr mit negativen Akzenten versehen. Unser Sprachgebrauch ist charakteristisch geworden. Wir können gar nicht mehr so recht verstehen, wenn es im Hohenlied heißt: „Stark wie der Tod ist die Liebe" (Hld 8,6). Wir sind kaum mehr in der Lage, diesem Verständnis von Gewalt positive Akzente abzugewinnen. Georg Baudler hat vorgeschlagen, wie im englischen Sprachraum zwischen „violence" und „power" zu unterscheiden. „Violence" als die verletzende Gewalttätigkeit, die zerstören will, und „power" als die Macht, die Ordnung schaffen und Sinnhaftigkeit vermitteln kann. Das ist eine Möglichkeit zu unterscheiden, sie ist aber auch kein Allheilmittel zur Lösung der semantischen Probleme. Oft genug wird power als violence erfahren und umgekehrt.

Der Ps 93 ist also nach unseren Überlegungen nicht als eine Belegstelle für eine Chaoskampfsituation von Anfang an zu verstehen. Vielmehr dient der Chaoskampf lediglich als Bild, um auszudrücken, daß Jahwe nach seiner hoheitlichen Setzung und Eindämmung des Chaotischen in der Lage ist, immer und zu jedem Zeitpunkt seine Souveränität auch dem Einzelnen gegenüber unter Beweis zu stellen, wenn man sich glaubend an ihn hält. Darum heißt es im Psalm am Schluß: „Deine Zeugnisse sind fest und verläßlich, deinem Haus kommt Heiligkeit zu". Das ist die Instanz, von der her sich eine Überwindung auch aktueller Bedrohungen begründet erhoffen läßt. Wer sich in dieser Weise auf Jahwe einläßt, das göttliche Angebot des Mitgehens annimmt, der kann auch gegenwärtiges Chaos überstehen, selbst wenn der Verstand das nicht ohne weiteres mitvollzieht und der Augenschein dagegen spricht. Die radikale Überwindung der bedrängenden Situation des Hereinstürzens der chaotischen Gefahren läßt sich in diesem scheinbar so simplen Akt des Sich-Festmachens in Gott bewältigen. Es muß sich äußerlich vielleicht gar nichts ändern, der dämonische Akzent des Bösen mag sich weiterhin durchsetzen, aber für den Menschen, der das Wagnis des

Sich-Einlassens auf Gott eingeht, für den tritt Jahwe ein, er schafft — wie auch immer — die Möglichkeit des Überlebens.

Psalm 104: Ein Lobpreis dem Gewaltigen

Ein weiterer Text muß in diesem Zusammenhang erwähnt werden: Psalm 104.

Lobe den Herrn, meine Seele! Herr, mein Gott, wie groß bist du! Du bist mit Hoheit und Pracht bekleidet.
Du hüllst dich in Licht wie in ein Kleid, du spannst den Himmel aus wie ein Zelt.
Du verankerst die Balken deiner Wohnung im Wasser. Du nimmst dir die Wolken zum Wagen, du fährst einher auf den Flügeln des Sturmes.
Du machst dir die Winde zu Boten und lodernde Feuer zu deinen Dienern.
Du hast die Erde auf Pfeiler gegründet; in alle Ewigkeit wird sie nicht wanken.
Einst hat die Urflut sie bedeckt wie ein Kleid, die Wasser standen über den Bergen.
Sie wichen vor deinem Drohen zurück, sie flohen vor der Stimme deines Donners.
Da erhoben sich Berge und senkten sich Täler an den Ort, den du für sie bestimmt hast.
Du hast den Wassern eine Grenze gesetzt, die dürfen sie nicht überschreiten; nie wieder sollen sie die Erde bedecken.
Du läßt die Quellen hervorsprudeln in den Tälern, sie eilen zwischen den Bergen dahin.
Allen Tieren des Feldes spenden sie Trank, die Wildesel stillen ihren Durst daraus. (Ps 104, 1–11)

Dieser bekannte und berühmte Psalm wird gern im Anklang an ägyptische Hymnen der Amarnazeit interpretiert, vor allem in Zusammenhang mit dem großen Sonnenhymnus des Königs Echnaton, aber der Zusammenhang ist nicht unmittelbar gegeben. Denkbar ist auch eine Vermittlung über phönizische und kanaanäische Quellen. Diesem Problem soll aber hier nicht näher nachgegangen werden. Wichtig ist vielmehr die Frage, was dieser Text über den Chaoskampf aussagt. Die Interpretation geht fast durchweg dahin, Jahwe im Setzen der Grenzen für die Urflut auch einen anfänglichen Disziplinierungsakt zuzuschreiben. So lag auch hier der Gedanke nahe, einen Chaoskampf zu unterstellen.

Gelegentlich wird der Eindruck erweckt, der Psalm 104 rufe den Chaoskampf in Erinnerung als entscheidende Tat Gottes am Anfang der Schöpfung. Beim genauen Betrachten erweisen sich die Fakten aber doch in einem anderen Licht. Es ist im Psalmtext überhaupt nicht von einem primären Chaoskampf die Rede.

Du hast die Erde auf Pfeiler gegründet; in alle Ewigkeit wird sie nicht wanken. (V. 5)

Am Anfang steht also der schöpferische Akt der Setzung, die Konstituierung einer Welt, in der man leben kann, ohne daß Jahwe irgendeine Auseinandersetzung mit den Mächten der Unordnung bestreiten muß. Anders ist das Bild der bestehenden Welt. Die Welt kann durch den Menschen und andere Instanzen in Gefahr gebracht werden. Danach erst heißt es im Text:

Die Urflut hatte die Welt bedeckt wie ein Kleid, die Wasser standen über den Bergen.
Sie wichen vor deinem Drohen zurück, sie flohen vor der Stimme deines Donners. (V. 6f)

Das ist nicht Kampfesterminologie, jedenfalls nicht in der Schärfe und Eindeutigkeit, wie Chaoskampfvorstellungen im Alten Orient sonst begegnen. Vielmehr kommt es dem Autor darauf an, zu sagen, daß Jahwe eine Grenze gesetzt hat. „Du hast den Wassern eine Grenze gesetzt, die dürfen sie nicht überschreiten, nie wieder sollen sie die Erde bedecken." (V. 9) So war es in der Schöpfungsinitiative Gottes vorgesehen. Das Chaos wird nicht in einem Kampf besiegt, sondern es wird diszipliniert, zurückgedrängt oder besser abgedrängt, nicht vernichtet. Insofern haben diejenigen recht, die sagen, daß etwas Chaotisches von allem Anfang an in dieser Welt da ist und daß nicht etwa das ganze Chaos in einer monströsen Vernichtungsstrategie am Anfang beim Schöpfungsakt ins Nichtsein gestürzt und aus der Welt geschafft worden ist. Das Chaos ist zwar im „Abseits", aber nicht im „Aus".

4. Gen 1: Trennung von Chaos- und Lebenswelt

Wir kommen wieder auf den ersten Schöpfungstext, Gen 1,1–2,4a zu sprechen und möchten ausfindig machen, was der Autor dieses Textes in der Entwicklung der Menschheitsgeschichte für entscheidend hält. Wir begeben uns auf Spurensuche nach den ersten Anzeichen von Gewalt. Nach den Aussagen der bisher betrachteten Bibeltexte hatten wir ja festgestellt, daß von einer Gewalttat Gottes am Anfang der Menschheits- und Weltgeschichte nicht die Rede sein kann, jedenfalls nicht im Sinne eines großangelegten, spektakulären Kampfes. Statt dessen hören wir nunmehr im priesterschriftlichen Schöpfungstext von einer hoheitlichen Setzung Gottes, die in erster Linie durch das Wort geschieht und mit einem Trennungsakt verbunden ist. Das Wort für „schaffen", wie es die Priesterschrift und auch der zeitgenössische Prophet Deuterojesaja verwenden, kann, muß aber nicht, in Verbindung mit der Vorstellung von Trennen, Scheiden, Unterscheiden gesehen werden. „Schaffen" drückt das souveräne Realisieren durch Gott aus, das letztlich in der Trennung des Chaotischen vom Nicht-Chaotischen besteht. Etwas korrekter ausgedrückt — wir sollten mittlerweile mit dem Ausdruck Chaos etwas vorsichtiger umgehen —: Gott trennt zwischen dem Lebensfördernden und dem Lebensgefährdenden. Diese Unterscheidung kann hilfreich sein für das Verständnis dessen, was die Priesterschrift mit ihrem Schöpfungsterminus meint. Die jetzige Fassung des Textes Gen 1,1–3 (ohne hier eine mögliche Vorlage eigens zu bedenken) vermittelt den Eindruck, daß die primäre Schöpfungstat Gottes — im Bilde gesprochen — die Trennung von Licht und Finsternis ist und daß das Licht als lebensförderndes Element besonders in Erscheinung tritt. Auch hier keine Rede von Gewalt, die in die Welt gesetzt wird. Im Gegenteil, das alles durchflutende Licht soll die Voraussetzung schlechthin für die Entstehung von Leben sein.

Das „Chaos" wird in die Randzone der Schöpfung, ja über diese Randzone hinaus abgedrängt. Eine „Scheidewand" wird errichtet, der hebräische Ausdruck dafür wird gewöhnlich mit dem recht unklaren Wort „Firmament" wiedergegeben. Die „Scheidewand" soll das Leben von den Mächten des Chaos oben und unten — im Bilde gesprochen — schützen. Zugrunde liegt dabei die Vorstellung von einem übergroßen Welt-Ei, das eine ganz dünne Schale hat. Das hebräische Wort, das eine ägyptische Bezeichnung zur Seite und auch wohl als Vorlage hat, meint die dünne Schale des Himmels-Eis, konsistent gewiß und für das Leben in dem Ei außerordentlich wichtig. Man dachte, in diesem Bild des Eis das Gesamtgeschehen der Welt zu begreifen, wie man kosmogonische Überlegungen nur aus dem Erfahrungspotential illustrieren konnte, wie z. B. aus dem Aufgang der Sonne, aus ihrem täglichen Weg über den Himmel etc. So dachte man sich das Entstehen von Leben so, wie es in einem Ei geschieht. Die dünne Schale des Eis hat die Aufgabe, Gefährdungen vom wachsenden Leben in seinen Anfängen fernzuhalten. Das bedeutet aber nicht, daß diese Schale auf alle Zeiten unangetastet bleibt. Es können von außen Herausforderungen kommen, die eine Auseinandersetzung auf Leben und Tod erzwingen, in der biblischen Mythologie wie auch in der des alten Ägypten als Chaoskampf gefaßt.

Anhand dieser Differenzierung läßt sich sagen, daß vor allem nach ägyptischer und biblischer Konzeption der höchste Gott nicht ein Gott ist, der es nötig hat, am Anfang aller Dinge eine spektakuläre Auseinandersetzung zwischen Gut und Böse erfolgreich durchzustehen. Seine Selbstbehauptung verläuft so, daß die Souveränität des Schöpfergottes exemplarisch und konstitutiv wird, um das Chaos abzudrängen. Er ist mächtig genug, kraft eigener Autorität die Setzung der Lebenszone zu bewirken. Dazu bedarf er nicht eines Kampfes. Nach dem Entstehen der

Schöpfung aber, nachdem Leben existiert, gibt es leider immer wieder Versuche dieses abgedrängten Chaos', in die Mitte hineinzustoßen und die Lebenszone zu gefährden.

So hat man sich im Vorstellungsbild Alt-Israels die Rolle der Chaosmächte zu denken. Sie kommen auf, woher sie auch im einzelnen motiviert sind, ob durch die Schuld der Menschen oder ohne deren Schuld. Der Frage muß noch gesondert nachgegangen werden, woher die Chaosmächte im Leben kommen nach Beginn der Schöpfung. Die Erfahrung ist ja allen Menschen gemein, daß sich das Böse plötzlich ungeahnt und ungeplant, allzuhäufig aber doch sehr geplant, bemerkbar macht. Der biblische Autor beruft sich angesichts dieser Erfahrung analog zu den Autoren der Umwelt Israels — darin unterscheiden sich die Religionen gar nicht so sehr — auf die Souveränität Gottes von allem Anfang an. Hat Gott aber einmal souverän Grenzen gesetzt, so kann man ihn bitten, sich als machtvoller Schöpfergott in der Geschichte überzeugend zu erweisen und in einem aktuellen Augenblick regulierend einzugreifen. Man kann so an viele geschichtliche Rettungserfahrungen anknüpfen, die als Erweise göttlicher Souveränität und Zeichen dynamischer Gegenwart Gottes gedeutet werden. An diesen Signalen, seien sie auch noch so unspektakulär, macht sich der Glaubende fest: sie lassen ihn selbst kreativ werden und Licht ins Dunkel bringen.

Folgen wir der Darstellung der Priesterschrift ein wenig weiter. Wir erkennen das Sieben-Tage-Schema, das wohl sekundär in die ältere Kosmogonie eingetragen worden ist und dem priesterlichen Interesse am Kult und am Schabbat insbesondere entspricht. Innerhalb dieses Wochenschemas erkennen wir in keinem einzigen der Schöpfungswerke und an keinem einzigen Schöpfungstag einen Hinweis auf Gewalt in der Welt. Vom Teufel, vom Bösen und vom Leid überhaupt ist keine Rede, wie wenn das gar nicht in den Schöpfungsprozeß hineingehörte. Das ist wohl auch der Sinn der priesterschriftlichen Schöpfungstheologie: durch den radikalen Schöpfungsakt Gottes am Anfang, durch sein Unterscheidungsvermögen und seine Trennungsfunktion hat die Welt ihre innere und äußere Stabilität gewonnen.

Das souveräne Schaffen läßt der Eigeninitiative des Bösen, des Zerstörerischen oder Lebensgefährdenden keinen Platz.

Der Mensch — ein Bild des „Gewaltigen"

Betrachten wir jetzt die Erschaffung des Menschen in Gen 1,26–28. Nicht wenige Beobachter und Ausleger früherer Jahrhunderte haben in diesen Aussagen einen gewissen Ansatz dafür gesehen, wie es in der Welt zur negativen Gewalt kommen konnte. In Gen 1,26-28 wird zunächst in der Gottesrede deutlich gemacht, welche Funktion der Mensch haben soll. Seine Funktion ist gekennzeichnet durch die Gottebenbildlichkeit: „als unser Bild" und möglicherweise als priesterschriftliche Ergänzung „gemäß unserer Ähnlichkeit" — eine etwas komplizierte Wendung, die den Menschen als Bild Gottes kommentiert. Was heißt das? Es scheint mir wichtig, den Blick unmittelbar zurückzulenken auf das, was zuvor von der göttlichen Aktivität gesagt worden ist. Gott schafft souverän, unterscheidet und trennt souverän, Gott spricht und setzt dadurch Wirklichkeit, und nicht zuletzt, der Geist Gottes flattert über den Wassern, um hier die wörtliche Wiedergabe zu wählen in Erinnerung an den mythischen Vorgang, da der Schöpfungsvogel über der Erde flattert, um sie vor der bleibenden Verhaftung mit dem Chaos zu bewahren. Die Priesterschrift macht in ihrem Hervorheben der Gottebenbildlichkeit deutlich, daß der Mensch in keiner Weise dazu bestellt ist, andere Maßstäbe anzuwenden, als sie Gott selber initiiert hat, Maßstäbe also, die lebensgefährdend wären. Die Funktion des Menschen bewegt sich nur auf der Ebene, daß er sich in der Folge des kreativen Schaffens Gottes, seines Unterscheidungsvermögens, engagiert und alles tut, was dem Leben dient. Schließlich ist das der Inbegriff der priesterschriftlichen Schöpfungsidee, daß Gott die Welt um des Lebens willen schafft. Der Mensch hat sich nach dieser Devise in eine vorgegebene Grundordnung einzufügen, darin besteht seine Gottebenbildlichkeit. Der Kontext macht den Gedanken noch deutlicher, wenn er die Beauftragung des Menschen anspricht. Die jetzige Fassung der Beauftragung des Menschen nennt die Herrschaft des Menschen über die Tiere, über die Vögel des Himmels, die Fische des Meeres und die Tiere des Feldes, über die ganze Erde. Das Aufzeigen eines solch umfassenden Kontrollbereiches, der das Unterscheidungsvermögen impliziert, stellt eine kommentierende Auslegung der Gottebenbildlichkeit dar, die nicht in einer „analogia entis" zu suchen ist. Philosophische Spekulationen über diesen Sachverhalt sind hier nicht federführend. Man sollte nichts über die Substanz, die metaphysische Qualifikation des Menschen in den Text „hineingeheimnissen". Dem Autor liegt das völlig fern. Er möchte die Gottebenbildlichkeit in ihrer Funktion beschreiben, die darin besteht, wie Gott eingreifen und lebensfördernd tätig sein zu können, um in dieser Welt ein Gleichgewicht zu schaffen und zu erhalten.

Den Gedanken der Ordnungsbefugnis des Menschen müssen wir noch etwas ausloten, denn gerade hier setzten die Mißverständnisse vergangener Zeiten an. Erinnern wir uns nur daran, welchen Anstoß und welches Ärgernis eine Formulierung wie „Macht euch die Erde untertan!" ausgelöst hat. Wörtlich sagt der Text: „Tretet auf die Erde und beherrscht sie!" (V. 28) Die Entwicklungsgeschichte der Interpretation dieses Auftrags hat in extremer Weise Mißverständnisse hervorgebracht, wie etwa den Kolonialismus, die Ausbeutung in aller Welt, Maßnahmen, die auch unter der Fahne des religiösen Bekenntnisses und mit der Bibel in der Hand vollzogen wurden. Letzten Endes müssen hier alle „Beziehungen" zwischen der sogenannten ersten und der dritten Welt subsumiert werden, der Schöpfungsintention gegenläufige Ausgrenzungen, Unterdrückungen und Versklavungen, die bei nüchterner Betrachtung des Bibeltextes keinerlei Grund in der Bibel selbst haben. Der Hauptfehler besteht im Grunde darin, daß man die Formulierung, den Imperativ „Tretet auf die Erde und beherrscht sie!" nicht in der bildhaften Dimension, in der sie zu Hause ist, verstanden hat. Man hat vielmehr geglaubt, man könne Bilder ohne weiteres in greifbare Realität umsetzen, so daß der Mensch tatsächlich zum „Treten" und zum „Beherrschen" geboren sei. „Treten auf die Erde", im Sinne der Bibel, ist ein Bildausdruck, der im Anschluß an mythologische Vorbilder, wie wir sie aus der Umwelt Israels kennen, gewählt ist. Dahinter steht ein Menschenbild, das unmittelbar dem Gedanken der Gottebenbildlichkeit entspricht und in der reichen Bildtradition der Nachbarkulturen seine Vorläufer hat.

Die jahrtausendealte Tradition der Ägypter ist auch eine wesentliche Quelle der Bildtraditionen, an der wir nicht vorbeisehen können, ohne in tiefgreifende Mißverständnisse zu geraten. Das Menschenbild der Ägypter ist in erster Linie am Bild des Königs als des exemplarischen Menschen orientiert. Die Priesterschrift nimmt diese Vorstellung vom Königsbild auf, das eine umfassende Ordnungsbefugnis zum Inhalt hat und als Bild aus dem Vorstellungsbereich des thronenden Königs genommen ist. Der Pharao sitzt auf dem Thron, beide Beine ruhen gewichtig auf dem Boden, häufig auf dem Fußschemel, wobei der Fußschemel vielfach mit Illustrationen der bewohnten Welt gestaltet ist, nicht nur mit Feinden und Gegnern Ägyptens, sondern auch mit Bewohnern des eigenen Landes, so daß der ganze Kosmos, die „Ökumene", d. h. die bewohnte Welt, zu den Füßen Pharaos liegt. Die Thronidee ist nicht in erster Linie im Sinne einer diktatorischen Verwaltung des Universums zu verstehen. Das sitzende Thronen soll das Im-Gleichgewicht-Halten der Schöpfung zum Ausdruck bringen. Die gesammelte, konzentrierte Weise des Dasitzens war für den Ägypter so bedeutungsvoll und wirkmächtig, daß er in ihr die Überschau über die Gefährdungen der Welt, die Abwehr des negativ gefaßten Chaotischen gewährleistet sah. Der König ist der Sachwalter der Ordnung im Sinne der sogenannten *Maat*, deren Bedeutung man mit dem geflügelten Wort „das, was die Welt im Innersten zusammenhält", umschreiben kann, also ein Sinngefüge, das von uns meist viel zu abstrakt gesehen wird. Für die Ägypter ist es das, was die Schöpfung durchzieht, die Ordnung, ohne die die ganze Welt auseinanderfallen und ins Chaos abgleiten würde. Der König soll anstelle und im Sinne der *Maat* die Aufgabe leisten, das Gleichgewicht in der Schöpfung herzustellen und zu bewahren.

In der Bibel meint Gottebenbildlichkeit mit der daraus folgenden und sie unmittelbar kommentierenden Beauftragung: „Herrscht über die Erde!" genau dasselbe. Wenn die Priesterschrift, wahrscheinlich in Erweiterung eines einfachen Auftrags „Herrscht über die Erde!", von Tieren, von Vögeln, Fischen und Tieren des Feldes handelt, so versteht sie damit keinesfalls eine Ausbeutung des Lebens. Bezeichnend ist zugleich, daß die Priesterschrift nicht ausdrücklich von einer Herrschaft über Menschen spricht. Die Ordnungsfunktion impliziert also primär in keiner Weise eine Kontrolle oder gar Ausbeutung der Mitmenschen. Auf der anderen Seite kann man der Priesterschrift aber auch kein besonderes Votum zur Beherrschung der Tierwelt anlasten, wenn sie die Herrschaft über die Tiere so exzessiv ausdehnt und gerade die Dominanz über die Tiere als Kommentar zur Gottebenbildlichkeit ausweist. Die Auslegung zu diesem Punkt ist derzeit allerdings strittig. Auf gar keinen Fall hat die Priesterschrift im Sinn, eine Vergewaltigung der Tierwelt zu legitimieren oder dem Menschen diesen Auftrag in freier Verfügung zu überlassen. Gerade in früheren Zeiten ist diese Befugnis allerdings in den Text hineingelesen worden unter dem falschen Vorzeichen, als handele es sich um eine moralische Anweisung und Beauftragung.

Ich denke aber auch nicht, daß in diesen Sätzen eine wie immer geartete Form der Tierfürsorge oder gar Tierliebe aufgetragen ist, sondern daß die Tiere hier repräsentativ für Leben überhaupt stehen. Auch hier befinden wir uns nämlich in der Bildsprache des Orients, vor allem Ägyptens. In Ägypten können die Tiere nicht nur als Repräsentanten der Tiere als solche gelten, sondern auch als Symbolfiguren für Leben überhaupt. Ja, es gibt sogar ägyptische Darstellungen, die zu Füßen des Pharao Vögel erscheinen lassen, die u. a. auch den Menschen versinnbilden. Im Grunde kann jedes Leben unter dem Bild des Tieres gefaßt werden. So hoch haben die Ägypter das tierische Leben eingeschätzt. Man sollte diese Tradition stärker berücksichtigen, die jedwedes Leben, natürlich auch das pflanzliche und das menschliche Leben unter dem Bild des Animalischen einfangen kann. Der Gedanke ist ungewöhnlich, er ist aber in der Bildtradition Ägyptens fest verankert.

Ebenso bieten sich als Belege dafür Szenen aus berühmten Grabmalereien an. Häufig sind dort Szenen zu finden, die den Verstorbenen in seiner seligen Existenz als Jäger darstellen, wie er Vögel oder Fische jagt. Im vorläufigen Verständnis früherer Zeiten meinte man darin eine Verherrlichung des Toten in Erinnerung an erstaunliche Leistungen zu Lebzeiten im Bereich der Jagd oder des Sports zu sehen. Aber auch hier haben wir es mit Bildern zu tun. Ein Verstorbener, sei es ein Beamter oder auch der Pharao selbst, der als Jäger oder als Sportler wie zu Lebzeiten dargestellt ist, soll damit nur in seiner besonderen Nähe zur bleibenden Vitalität und als Träger von Verantwortung für das Leben und seine Weiterentwicklung gezeigt werden. Die Überfülle der Tiere in der Natur zu ordnen, eine Funktion des Jägers, bedeutet — im Bild gesprochen — ein Gleichgewicht in der Tierwelt herzustellen und zu erhalten. Dem Künstler war es so möglich, in diesen Darstellungen eine Illustration von der Funktion der Gottebenbildlichkeit zu bieten.

Ich halte es für unverzichtbar, den Sinn für die Konturen der Bildsprache zu entwickeln, sonst gerät man zwangsläufig in Mißverständnisse. Es kann nicht darum gehen, die Befugnis aus dem Text herauszulesen, auf die Erde zu treten und sie beherrschen zu wollen und die Tiere zu vergewaltigen in einer wortwörtlichen Deutung, sondern es muß darum gehen, die metaphorische Qualität dieser Formulierungen ins rechte Licht zu setzen. Damit ergibt sich die Notwendigkeit, sich der Illustrationen zu bedienen, die wir zur Verfügung haben, und in die Bildwelt des Alten Orients hineinzusteigen, um damit etwas wiederzuentdecken, was unseren Bemühungen um angemessene Interpretation verlorengegangen ist, in anderen Völkern und Kulturen aber noch viel stärker verankert ist. Der Blick in die jeweilige zeitgenössische Kunst ist dabei von besonderer Bedeutung, nicht so sehr, was spätere Jahrhunderte daraus gemacht haben. Auch deren Wert soll natürlich nicht bestritten werden, aber die Kunst der Zeit, in der die Bibel entstanden ist, kann uns Wege weisen, wie die Bibel zu verstehen ist. Ohne ein intensives Ausleuchten der Bilder der Bibel und auch der Bildsprache — die Sprache arbeitet mit Bildern — können wir nicht zurechtkommen. Wir stellen ja auch große Schwierigkeiten im Umgang mit Bildprozessen fest und spüren das Unvermögen, die Bilder zu übertragen und in ihrem vitalisierenden Gehalt zu vermitteln. Man muß in diesen Bildern nicht nur Bilder der Seele sehen, gerade auch ein gesellschaftlicher Kontext der Bilder ist von Anfang an mitzubedenken. Ich will nicht das eine gegen das andere setzen. Beide, die Bilder der Seele und die Bilder aus gesellschaftlichem Zusammenhang, müssen in ihrer wechselseitigen Wirkung gesehen und gewichtet werden.

Zu den Bildern, die uns viel sagen können, gehört auch die Darstellung des ruhig und majestätisch dasitzenden, thronenden Menschen, der beide Füße gewichtig auf den Boden setzt. Die Bildtradition drückt dies immer wieder etwas massiv aus, die Füße wirken oft recht klobig. Das könnte natürlich wieder den Gedanken an Unterdrückung des Untergebenen nähren. Diese Bewertung trifft allerdings in keiner Weise zu, es geht um eine Manifestation der ordnenden Dominanz, damit der dem Herrscher zukommende Kompetenzbereich nicht in die Bodenlosigkeit, ins Nichtsein abgleitet. Wir kennen in der Bildsprache unseres Alltags einen ganz vernünftigen analogen Ausdruck: „mit beiden Beinen auf der Erde stehen". Das heißt nicht, daß die Erde dadurch vergewaltigt wird, sondern daß der Mensch, der so gekennzeichnet wird, seinen gesunden Menschenverstand und seine Fähigkeit zur Verantwortung gegenüber dem Leben nutzt und einsetzt. Es umfaßt das Einsicht-Haben und das Planungsvermögen. Das alles ist — bildlich gesprochen — auch mit der biblischen Beauftragung gemeint: „Tretet auf die Erde und beherrscht sie!"

Wir stellen fest: Auch eine solch entscheidende Aussage ist kein Plädoyer für negative Gewalt, kein Plädoyer für Ausbeutung der Welt, keine Rechtfertigung für Zerstörung tierischen und sonstigen Lebens, keine Legitimation für Herrschaft über andere im absolutistischen Sinn, wohl aber ein Auftrag, der

Gottebenbildlichkeit funktional versteht, d. h. im Sinne einer Übernahme von Verantwortung und des Stehens mit beiden Beinen auf der Erde. Diese grundsätzliche Beauftragung ist für die Priesterschrift so wichtig, daß sie vor jeder Debatte über Gewalttat unter Menschen ihren Platz bekommt.

Damit müssen wir natürlich wieder zu unserer Ausgangsfragestellung zurückkehren, wo denn nun die Antwort auf die Frage nach dem Einzug der Gewalt unter den Menschen gegeben wird. Die Priesterschrift hat ganz andere Interessen, die sie betonen will. Sie kommt auch auf Gewalt zu sprechen, aber der jetzige Kontext des 1. Buches Mose konzentriert sich auf die allen Menschen ohne Geschlechtsunterschied zukommende Verantwortung und läßt uns nur scheinbar ein wenig im Stich bei unserer drängenden Frage. Die Priesterschrift sieht Vorstellungen, die für sie in der Lebenszone keinen Platz haben, zunächst durch einen hoheitlichen Akt Gottes nach draußen verwiesen. Der Autor zeichnet den Menschen in seiner Grundausstattung, in seiner von Gott eingestifteten königlichen Würde, in seiner großartigen Kontrollgewalt, in seiner Befugnis, Gleichgewicht zu erhalten. Daß da plötzlich die Gewalttat unter Menschen einbricht, ist für die Priesterschrift nicht das Primäre oder das eröffnende, fundamentale Geschehen. Im Unterschied zu jeder Klassengesellschaft, wie sie besonders in Ägypten zutage getreten ist, ist die menschliche Gemeinschaft in priesterschriftlicher Sicht, die freilich bei aller humanen Orientierung perspektivisch bleibt und eine Sichtweise Israels verrät, eine Gemeinschaft, die von Haus aus eine Gemeinschaft „königlicher" Menschen darstellt. Diese Form von Gewalt im Sinne des griechischen Wortes „dynamis" oder des lateinischen „potestas" darf nicht von vornherein negativ charakterisiert werden. Sie ist letztlich Spiegelbild der kreativen Gewalt Gottes, der ein grundsätzliches Ja zum Leben gesprochen hat.

5. Gen 2: Der Mensch als Gärtner

Der Pentateuchredaktor, dem wir die Gestalt des Buches Genesis verdanken, hat auch einen zweiten Schöpfungstext zu Ehren gebracht, der allem Anschein nach eine weit ältere Tradition widerspiegelt. Wir müssen uns auch mit diesem Text befassen, denn auf den ersten Blick scheint dieser ältere Schöpfungstext etwas mehr Auskunft zu geben auf die Frage, woher die allenthalben erfahrbare Gewalt, das Inhumane und das Zerstörerische kommen.

In diesem Text, Gen 2,4b–3,24, läßt der Autor gerade dem Umstand, wie das Böse als ungeordnete Gewalt überhaupt in die Welt gelangt ist, größere Aufmerksamkeit zukommen. Er liefert uns seine Sicht der Dinge in einer weiteren Bildgeschichte, die ihrerseits nicht einfach eine Umsetzung in greifbare Faktizität verlangt bzw. möglich macht, sondern als narrative Szenenfolge eine eigene Sicht von Wirklichkeit verrät. Ich meine die Erzählung vom Paradies und vom Sündenfall, die uns nach dieser Version den Ort des Einfalls der Sünde schildert.

Der ältere Schriftsteller aus Israels Königszeit beschreibt eine Welt, in der mit dem Eingriff Gottes alle Bedingungen für die Entfaltung des Lebens geschaffen worden sind. Er zeichnet das Bild eines Gartens, den Jahwe Elohim eingerichtet hat, nachdem vorher keinerlei lebensfördernde Dinge zu verzeichnen waren. In diesen Garten — auch hier Bildsprache — setzt Jahwe den Menschen (hebr. „Adam"). Adam ist zunächst kein Eigenname, sondern ein Kollektivbegriff für den Menschen überhaupt. Der Garten ist wahrscheinlich eine metaphorische und idealtypische Umsetzung dessen, was dem Verfasser in Gestalt des königlichen Palastgartens in Jerusalem vor Augen geschwebt hat. In dieser von realpolitischen Erfahrungen gesättigten Perspektive bewegen sich letztlich auch alle weiteren Phänomene und Szenen im Ablauf der Ereignisse der Kapitel 2 und 3.

Es ist also die Rede von einem Garten und von dem Menschen in ihm, der den Auftrag hat, diesen Garten zu „bebauen" und zu „hüten", wie es ausdrücklich heißt (2,15). Es ist keinerlei

Rede von Gewalt am Anfang. Die ältere Version des Schöpfungstextes kennt auch keinen hoheitsvollen Akt, der die Gewalt vor der Tür läßt, wie wenn etwas Bedrohendes von Anfang an dagewesen wäre. Der Erzähler kommt ohne Andeutungen einer möglichen Gefährdung des Menschen aus. Nicht einmal der Hinweis auf die Formung des Menschen „aus Staub vom Ackerboden" (V. 7) legt den Verdacht auf kommendes Unheil zwingend nahe, wenn hier auch bereits im Vorgriff auf Gen 3,19 vom „Staub" die Rede ist und ein sekundärer Eintrag mit diesem Wort vermutet werden kann. Ist es doch Gott, der den „Erdling", so die Grundbedeutung von „Adam", mit seinem Lebensraum beschenkt.

6. Gen 3: Die Frau — Ursprung allen Übels?

Nach der Schaffung des „Menschen" wird ihm in der Fortsetzung des Geschehens eine Begleiterin zugesellt, wobei die Erschaffung der „Frau" den „Mann" erst zum „Mann" werden läßt und die Individualität des „Mannes" provoziert. Eine ältere Textfassung redete wahrscheinlich nur von der Erschaffung des „Menschen" ohne Differenzierung nach Mann und Frau. Auch der sogenannte Sündenfall wird dort nicht in der uns bekannten Form mitgeteilt, wo die Frau als erste zu der verbotenen Frucht greift und dann ihrem Mann davon gibt, vielmehr ist dort nur von einer Tat des „Menschen" die Rede. Das Wort „Adam", d. h. „Mensch", läßt zunächst keine geschlechtsspezifische Unterscheidung zu: der „Mensch" griff zur verbotenen Frucht und aß von dem Baum, so heißt es wohl ursprünglich. Die Exegese muß natürlich danach fragen, wie es auf einmal zur Spezifizierung von Mann und Frau kommt, welche Hintergründe vor allem der negativen Rollenzuweisung der Frau innewohnen. Wie bei vielen anderen Texten kann das Aufzeigen zeitgeschichtlicher Motive Klärung bringen. Der „jahwistische" Verfasser nimmt allem Anschein nach Anstoß an dem Auftreten einer fremden Königstochter in Jerusalem, genauer an der Heirat Salomos mit einer ägyptischen Frau, die als erste Dame des königlichen Hofes galt und offenbar großen Einfluß hatte. Der Autor sieht darin eine Gefährdung, in der (fremden) Frau eine Verführerin Salomos, die ihn zur Verfremdung oder Entfremdung anstiftet. Diesen zeitgeschichtlichen Vorgang typisiert der Verfasser, indem er *die* Frau so negativ herausstellt, was die Zeitgenossen sicher richtig verstanden, die späteren aber als generelles Urteil über die Frau *miß*verstanden haben. Es ist schwierig für spätere Hörer / Leser, die auf politische Verhältnisse Rücksicht nehmende Literatur, die für die Zeitgenossen noch verständlich war, richtig einzuordnen. Darum ist es notwendig, auch in diesem Punkt auf die zeitgeschichtlichen Bedingungen der Formulierungen zu achten. Es geht in der Sündenfallgeschichte nicht um eine generelle Aburteilung der Frau und schon gar nicht darum, ihr dank ihrer Aktion die Anstiftung zur Unruhe, zum Ungehorsam und damit allgemein zum Leid in der Welt anzulasten. Wir kennen allerdings die Konsequenzen fehlenden Bemühens, sich in die Entstehungsprozesse dieser Erzählung in seiner Bildqualität hineinzufinden. Die Wirkungsgeschichte gerade dieses Textes hat nur zu deutlich gemacht, was im Namen einer mißverstandenen Interpretation geschehen kann und noch immer geschieht. Im Paradiesereignis ist keine generelle Aussage über die Rolle der Frau an sich intendiert, um sie etwa für alle Zeiten abzustempeln, nicht nur als große Versucherin, sondern als Verursacherin alles Negativen, das die Welt immer wieder aushalten muß.

Der „jahwistische" Autor wollte lediglich klar herausstellen, daß Israel unter der Führung Salomos, jenes weltoffenen Herrschers, der eine Fremdheirat eingeht, in eine große Gefahr gebracht worden ist, dadurch, daß Salomo der Versuchung unterlegen ist, sich nicht mehr an die traditionelle Sippenbindung zu halten und Jahwe nicht mehr als alleinigen Mittelpunkt anzuerkennen, sondern — wie der Erzähler meint — durch seine Öffnung Israels Identität aufs Spiel zu setzen.

In der Verbindung, die der „jahwistische" Autor zwischen Sündenfall, Inhumanem und Bösem in der Welt herstellt, scheint zum ersten Mal greifbar zu sein, wie wenigstens eine Perspektive der Bibel die Zusammenhänge von Welt und Übel sieht. Daß dies nicht zugleich die einzige Sichtweise sein muß, wird noch zu zeigen sein.

7. „Paradise lost" — Fluch der Gewalt und Gewalt des Fluches

Auf den sogenannten Sündenfall in der Jetztfassung der Erzählung folgt eine Reihe von Reaktionen, gefaßt in die sogenannten Fluchsprüche im 3. Kapitel des Buches Genesis.

Alle drei Fluchformulierungen haben in der Auslegungsgeschichte von sich reden gemacht und sind insbesondere zur Kennzeichnung des Zustandes, der nach dem Sündenfall eingetreten sein soll, verwertet worden.

Da sprach Gott, der Herr, zur Schlange:

Weil du das getan hast, bist du verflucht unter allem Vieh und allen Tieren des Feldes. Auf dem Bauch sollst du kriechen und Staub fressen alle Tage deines Lebens.

Feindschaft setze ich zwischen dich und die Frau, zwischen deinen Nachwuchs und ihren Nachwuchs. Er trifft dich am Kopf, und du triffst ihn an der Ferse.

Zur Frau sprach er:

Viel Mühsal bereite ich dir, sooft du schwanger wirst. Unter Schmerzen gebierst du Kinder. Du hast Verlangen nach deinem Mann; er aber wird über dich herrschen.

Zu Adam sprach er: Weil du auf deine Frau gehört und vom Baum gegessen hast, von dem zu essen ich dir verboten hatte:

So ist verflucht der Ackerboden deinetwegen. Unter Mühsal wirst du von ihm essen alle Tage deines Lebens.

Dornen und Disteln läßt er dir wachsen, und die Pflanzen des Feldes mußt du essen.

Im Schweiße deines Angesichts sollst du dein Brot essen, bis du zurückkehrst zum Ackerboden, von ihm bist du genommen. Denn Staub bist du und zum Staub mußt du zurück. (Gen 3,14–19)

Diese Perikope gilt als die klassische Bezugsstelle zur biblischen Erklärung der Herkunft von Mühsal, Leid, Krankheit und Tod, letztlich aller Erscheinungen der Gewalt in der Welt. Natürlich hat man bei dieser Auslegung immer wieder die Probleme gespürt, die sich mit einer einlinigen Zurückführung einstellen. Wie kann man, auf eine kurze Formel gebracht, dieser doch gar nicht so spektakulären Tat des ersten Menschenpaares alles das anlasten, was in der Welt an Unseligem geschieht? Kann man überhaupt auf der Linie der Argumentation der jahwistischen Erzähler weiterdenken? Die Systematik und die Dogmatik haben sich auf diese Schiene begeben und die „dona praeternaturalia", die außerhalb der Natur vorfindlichen Gaben des sogenannten „Urstands", an den Anfang gesetzt, dem Paradies zugeordnet, um dann dem Sündenfall den entscheidenden und uneinholbaren Verlust zuzuschreiben. Selbstverständlich sind auch hier sehr gescheite Differenzierungen vorgenommen worden; die kritische Frage bleibt aber, ob der Text selber diese Begründungen legitimiert. Sicher, die Kommentare versuchen einen erleichterten Zugang zum Text und unterstellen dem „Jahwisten" nicht mehr um jeden Preis, daß er eine Art Legitimation für das geben will, was in der Welt an Üblem geschieht. Sie wollen den Jahwisten auch nicht als einen Erklärer brandmarken, der nur im ersten Menschenpaar und seinem Verhalten die Urschuld erkennt, von der alles andere abhängt. Auch mag man nicht mehr ohne exegetische Rückendeckung von einer im Paradies begangenen „Erbsünde" reden, wie sie in den dogmatischen Äußerungen der Vergangenheit immer wieder zur Sprache gekommen ist. Es hat gleichwohl zwischen den „professionellen" Auslegern der Urgeschichte des Genesisbuches und den Dogmatikern immer einen gewissen Dissens gegeben, weil man sich auf seiten der Exegese nicht mit einer ausschließlichen Betrachtung der Verhältnisse im Blickfeld des jahwistischen Autors zufrieden geben kann, um so einer Rückführung alles Negativen auf die Ursünde eines ersten Menschenpaares das Wort zu reden. Auch hier muß die begrenzte Perspektivität der Darstellung ins richtige Licht gerückt werden. Vom Ursprung der Gewalt spricht die Bibel nicht nur hier, sondern auch anderswo mit jeweils wechselnden Standpunkten. Bleiben wir aber noch bei der notwendigen Charakterisierung einer durchaus profilierten, aber keineswegs umfassenden Sicht des Problems.

Die *Schlange* und die *Frau: Politik im Hintergrund*

Ich habe bereits die politischen Hintergründe angesprochen, die der Erzählung vom Sündenfall zugrunde liegen. Jede Literatur, auch die alttestamentliche, hat politische Anbindungen, stellt Verarbeitungen politischer, zeitgeschichtlicher Entwicklungen dar. So steht nach begründeter Meinung hinter der Darstellung der Frau des Sündenfalls allem Anschein nach die fremde Frau aus Ägypten, deren Existenz man in Jerusalem von königskritischer Seite her nicht verkraften konnte und wollte. Nicht, daß es nicht von vornherein auch energische Parteigänger der Politik Salomos gegeben hätte! Doch gerade im Rückblick auf diese erste Phase des nationalen Königtums unter David und Salomo, aus der Erfahrung des Scheiterns der Einheit im Zuge und im Gefolge der Reichsteilung lernte und vermochte man, jeder Euphorie zu widerstehen. Man empfand darin die Gefahr einer Entfremdung vom eigentlichen Ziel einer Emanzipation Israels, das sich plötzlich ägyptischem Einfluß öffnen und eine fremde Prinzessin am Hofe Salomos hinnehmen mußte. Ein einschneidendes Ereignis in der Geschichte Israels, das gewiß zwiespältige Reaktionen hervorgerufen hat.

Hinter der Schlange habe ich jene ägyptische Hausgöttin, die jedem ägyptischen Haushalt geläufig war, zu erkennen versucht, eine Göttin, die später mit der berühmten Isis eins gesetzt wurde, jener Isis, für die gilt, daß sie in der Sicht der Ägypter die Gottesmutter, die Mutter schlechthin, die Mutter alles Lebendigen ist. Isis steht in engster Beziehung zur Göttin der Weisheit, der sogenannten *Maat,* die auch als Tochter des Sonnengottes angesprochen worden ist. So ergibt sich eine enge Liaison, die für ägyptische Ohren selbstverständlich war. Jede hochgestellte, prominente Persönlichkeit, jede Prinzessin, jede Königin war mit der Tochter des Sonnengottes liiert. So wie bekanntlich der Titel „Sohn Gottes" auf die ägyptische Religionsgeschichte bis ins 3. Jahrtausend v. Chr. zurückgeht, so greift auch der Titel der „Tochter Gottes", der der Königin zugemessen war, ebenfalls bis in die frühe Religionsgeschichte zurück. Wir wissen allerdings, daß der Titel „Tochter Gottes" keineswegs in der Religionsgeschichte den Standort gewonnen hat, den der Titel „Sohn Gottes" erreichen konnte. Wir können den Ursachen hier in diesem Zusammenhang nicht nachgehen. Durch die Tatsache aber, daß „Sohn Gottes" in den Vordergrund und „Tochter Gottes" in den Hintergrund geriet, hat sich eine unselige Gewichtsverschiebung Einfluß verschaffen können, die bis in die Gegenwart von Kirche und Gesellschaft nachwirkt.

Diese beiden Gestalten der Sündenfallgeschichte, die so exemplarisch und programmatisch in Gen 3 eine Rolle spielen, werden ausdrücklich als *die* Schlange und *die* Frau (3,1), jeweils mit Artikel, apostrophiert. Es geht hier nicht darum, ein Ereignis nur in die Vergangenheit zurückzudatieren. Man verweist gern darauf, daß der Jahwist Urgeschichte schreibe. Die Urgeschichte dürfen wir aber nicht einfach im Sinne einer datierbaren Vorgeschichte verstehen. Der Autor will lediglich seine Erfahrungen als Zeitgenosse der Geschehnisse am königlichen Hof beschreiben und zu einer Grundsatzaussage gestalten, so wie das seine Weltsicht ist. Wir würden heute sagen: eine sehr beschränkte Weltsicht, denn er rechnet nicht mit den positiven Erfahrungen, die das Fremde, gerade das Fremdartige, die Begegnung mit dem Ausland und den Ausländern mit sich bringen kann.

Wir sehen, es ist ein Grundfehler späterer Rezeptionsgeschichte, wenn sie das, was der „jahwistische" Erzähler beschreibt, als *die* Aussage des Alten Testaments qualifiziert. Es wird leider bis zur Stunde so verfahren, bis in die Lehrschreiben und Katechismen hinein, als sei jeder Satz der Bibel unabhängig von seiner Entstehung und seinem Kontext von genereller Bedeutung und von substantieller Aussagekraft. Daß aber jede Aussage in der Bibel ihren Kontext, auch ihre zeitgeschichtliche Beziehung, ihre besondere originelle Motivation hat, das wird immer noch verkannt. Es scheint mir unbestritten zu sein, daß ein solcher perspektivischer Text sicher eine Würdigung nötig hat — wir werten ihn ja nicht ab mit seiner Qualifizierung als perspektivischen Text —, sondern daß er seine Bedeutung für uns hat, wir müssen ihn nur mit weiteren Einsichten über die Bedeutung des Fremden mit seiner Inspiration, seiner die Gesellschaft verändernden Kraft zusammenführen. Die Bibel ist keineswegs arm an Texten, die integrativer Natur sind. Dieselbe Königin am Jerusalemer Hof kann ja auch in ganz anderem Licht dramatisch vorgeführt werden, z. B. in der Geschichte von der Auffindung des kleinen Mose, Ex 2, 1–10, ebenfalls eine literarische Verarbeitung, wo die „Tochter Pharaos" außerordentlich gut davonkommt, ganz anders als die geborene Judäerin, die Levitin. Nein, die „Tochter Pharaos" hat in der Bibel eine ambivalente Rolle zugesprochen bekommen, und wir sollten nicht eine der beiden Rollen je nach Interesse oder Gutdünken zur generellen und ausschließlichen erklären.

Vielleicht wird jetzt verständlicher, wie man auch mit den Formulierungen der Fluchworte grundsätzlich umgehen muß. Sie sind in erster Linie literarische Reaktionen des „jahwistischen" Autors. Die jahwistische Bewegung vertritt die These, daß diese fremde Gestalt in Jerusalem für Unruhe gesorgt hat, die letzten Endes verantwortlich ist für den nationalen Dissens, die religiösen Spannungen, die Parteienbildung und letztlich das Auseinanderfallen des alten „Israel".

Der Jahwist drückt diese Fluchformulierung schon in der Anrede an die Schlange aus:

Auf dem Bauch sollst du kriechen und Staub fressen alle Tage deines Lebens.

Die Exegese hat früher lange gerätselt, was damit gemeint ist. Die Schlange kriecht doch sowieso auf dem Boden, was soll diese Aussage Besonderes andeuten? Unsere heutige Erkenntnis weist uns auch hier auf die Bildsprache hin, die die Vorstellung von der aufgerichteten Kobra zum Ansatz nimmt, also von einer Schlange, die aggressiver Natur ist und zugleich als Schutzschlange fungiert. Denken wir an die Stirnschlange am Kopf der Pharaonen! Das Bild der aufgerichteten Kobraschlange hat man in Ägypten auch gewählt, um eine Göttin, besonders die Haus- und Nährgöttin Renenutet als Sonderform der bekannten Göttin Isis zu kennzeichnen. Im Fluchspruch über die Schlange geht es also darum, die aufgerichtete Kobraschlange, als Symbol der Hybris, ja sogar der Weisheit ohne den Gott Israels zu demütigen, zu vernichten. Die Illustrationen aus der Umwelt Israels helfen uns hier entscheidend weiter. Wissen wir doch mittlerweile, daß gerade im 9. und 8. Jahrhundert v. Chr. eine große Menge an Darstellungen mit geflügelten Kobraschlangen auf kleinen Amuletten, meist auf den Unterseiten von Skarabäen, in Palästina aufgetaucht sind und merkwürdigerweise zum Ende des 8. Jahrhunderts v. Chr. plötzlich verschwinden. Das Ende dieses Jahrhunderts ist die Zeit des Propheten Jesaja und des Königs Hiskija. Das müssen wir im Auge behalten, wenn wir den Fortgang der Fluchformulierungen betrachten und verstehen wollen.

„Feindschaft setze ich..." — *Hiskijas „Schaukelpolitik"*

Feindschaft setze ich zwischen dich und die Frau, zwischen deinen Nachwuchs und ihren Nachwuchs. Er trifft dich am Kopf, und du triffst ihn an der Ferse. (Gen 3,15)

Nun glauben wir es ja unmittelbar zu wissen, wenn wir den Text „wortwörtlich" nehmen, ohne seinen Bildcharakter zu respektieren. Wo kommt Feindschaft her? Sie kommt aus dieser so provozierenden Nähe der Frau zur Schlange als der tierischen Repräsentation des Bösen. In Zukunft soll es anders sein. Feindschaft und Zwietracht sind legitim, wenn sie das Verhältnis zum Bösen bestimmen, sie werden exemplarisch zurückgeführt auf das, was die Frau in ihrer Hörigkeit gegenüber der Teufelsschlange am Anfang der Menschheitsgeschichte getan haben soll.

Was aber ist wirklich gemeint mit der zitierten Formulierung? Ein noch immer der „jahwistischen" Bewegung in Israel verhafteter (jüngerer) Erzähler mobilisiert wiederum eine zeitgeschichtliche Erfahrung. Ich denke an einen späteren König aus Davids Dynastie, den König Hiskija, und an seine politische Tätigkeit. Hiskija hat sich um Reformen im eigenen Land verdient gemacht, zugleich aber auf der anderen Seite Beziehungen zu den Nachbarkulturen gepflegt, wie schon König Salomo. Hiskija hat sich noch entschiedener auf die Seite der Ägypter geschlagen und versucht, von daher einen Druck gegenüber der assyrischen Vorherrschaft ausüben zu können. Der Prophet Jesaja kritisiert Hiskija in seinem Verhalten, sich in eine Koalition mit den Ägyptern zu begeben, dem damaligen Westen, um den Osten, also die Assyrergefahr zu bewältigen (Jes 30, 1-17 u. ö.). Israel hat ja immer zwischen den beiden Blöcken im Westen und im Osten gestanden. In der Zeit des Königs Hiskija konnte der Osten allmählich an politischer und militärischer Dominanz gewinnen. So kamen die Assyrer bis an die Tore Jerusalems. Das Jahr 701 v. Chr. ist sprechend dafür. Hiskija wird bei all seinen Bemühungen, sich an Ägypten anzuschließen, in Jerusalem eingeschlossen. Das ist die eine Seite. Bevor das aber soweit ist, hat Hiskija sich auch bemüht, Versuchungen aus dem Umfeld Ägyptens zu widerstehen. Er hat die religiöse Beeinflussung Palästinas durch die Ägypter zurückgedrängt, so daß mit ihm eine ambivalente Haltung zutage tritt. Einerseits paktiert er mit den Ägyptern, andererseits stellt er sich gegen deren kulturelle und religiöse Einflußnahme. Die letztere war besonders spürbar in Gestalt einer überdimensionalen Schlange, die wohl in der Nähe des Tempels gestanden haben muß, eine aufgerichtete Kobraschlange aus Bronze, im Alten Testament „Nehuschtan" genannt (2 Kön 18,4). Diese Schlange wurde von den Gläubigen geschätzt und aufgesucht. Im Buch Numeri findet sich sogar eine Begründung für die Existenz der bronzenen Kobraschlange in der Nähe des Tempelbezirks oder vielleicht sogar im Tempelareal selbst.

Der „Nehuschtan": Provokation zum Zerfall

Die Erzählung im Buch Numeri (Num 21, 4-9) nimmt Bezug auf eine Revolte des Volkes gegen Mose und auf das Auftreten von

Schlangen auf dem Weg der Wüstenwanderung in das Gelobte Land. Die Schlangen bringen Israel in Gefahr, und Mose darf als Reaktion im Auftrag Gottes eine große Schlange aufrichten als Signal, zu dem alle von den Schlangen Gebissenen aufschauen sollten, um dadurch geheilt und gerettet zu werden. Übrigens, die aufgerichtete Schlange ist später auch in der Liturgie- und Theologiegeschichte als Vorbild für die Erhöhung des Kreuzes genommen worden. Zweifellos ist die Erzählung eine Erklärungsgeschichte, eine Art Ätiologie für das schon genannte Monument im Bereich des Jerusalemer Tempels, den „Nehuschtan". Man wollte es damit legitimieren, daß schon Mose eine Schlange aufgerichtet hat, die man aus Ägypten, aus der Zeit der Wüstenwanderung, ins Land mitgebracht hat und die demnach ihr Recht auf Verehrung beanspruchen kann. Aber wie es häufig so kommt, das Volk hat die Schlange aufgesucht und dabei den Tempel umgangen. Immer wieder geschieht es so, daß „Subkulte" in den Religionen in den Vordergrund gelangen. Wir kennen das auch an dem Vordringen der Heiligenverehrung an manchen Wallfahrtsorten in einem Ausmaß, daß die Frage erlaubt ist, ob es sich dabei noch um die Mitte des Glaubens handelt. Eine religionstypische Erscheinung haben wir hier vor uns, die allenthalben beobachtet werden kann. So gehört es auch zum Erfahrungsschatz Jerusalems in der klassischen Königszeit, daß es einen „Subkult" in der Verehrung des Schlangenidols in der Nachbarschaft des Tempels gegeben hat, wobei man sich zunächst überhaupt kein Gewissen daraus gemacht hat, die Schlange als Fingerzeig auf Jahwe hin zu verstehen. So wollte ja auch die Geschichte mit Mose verstanden werden: Aufschauen zur Schlange als Aufschauen zu Jahwe selbst bzw. als Aufschauen zu einem Symbol, das auf Jahwe hinweist als den allein heilenden Gott, den Arzt der Menschen. Man erinnere sich auch an den „Äskulapstab", die Symbolik der Heilschlange. Jahwe als *der* Arzt: ein sehr attraktiver Gedanke, der durch das Symbol der aufgerichteten Schlange unterstützt werden konnte. So war es kein Wunder, daß sich die Menschen zu diesem Symbol hingezogen fühlten.

In einer ganz knappen, aber wohl historisch relevanten Mitteilung in 2 Kön 18,4 heißt es dann, daß König Hiskija diesen Nehuschtan in Jerusalem zerschlagen habe. Es steht leider nicht geschrieben, wie er diese Demonstration im Detail vollzogen hat. Es ist auch nichts über die besonderen Motive berichtet, die ihn zu dieser Tat bewogen haben mögen. Der Tradent der Notiz, der einer späteren, wohl der deuteronomistischen Redaktion nahegestanden haben wird, hat es immerhin für nötig befunden, diese Erinnerung mitzuteilen: Hiskija ist es, der gegen das letzten Endes ägyptenfreundliche Symbol zu Felde zieht und es schließlich aus der Welt schafft. Man kann vermuten, daß der Prophet Jesaja den König zu seinem Tun ermuntert hat und als geistiger Vater der Reformtat gelten kann. Jesaja hat sich immer gegen diesen überzogenen Schlangenkult gewandt. Die berühmte Vision des Propheten in Jes 6 läßt aufgerichtete Kobraschlangen, die im Text Serafim genannt werden, in der Nachbarschaft des thronenden Jahwe auftreten. Jesaja läßt die Serafim als Diener Jahwes erscheinen. Sie stehen nicht über Jahwe, so daß sie ihn dominieren, im Gegenteil: Die Serafim haben die Funktion, das „Heilig, heilig, heilig" auszurufen, das im „Sanctus" unseres Gottesdienstes bewahrt ist. Jesaja erhebt das „Dreimal Heilig" zum Ausdrucksmittel, die substantielle Dienerschaft der Serafim anzuzeigen.

Also auch hier eine zeitgeschichtliche Grundlage, die uns jetzt erlaubt, unseren Text in Gen 3, 15 in eine zeitbezogene Perspektive zu stellen.

Er trifft dich am Kopf, und du triffst ihn an der Ferse.

Auf den ersten Blick eine rätselhafte Sprache, aber zweifellos Bildsprache. Die Überlieferungs- und Deutungsgeschichte hat immense Überlegungen dazu angestellt. Was hat man nicht alles daran geknüpft! Der zeitgenössische Hörer dieser Darstellung konnte sich aber mit Sicherheit an die Aktion des Hiskija erinnern: Hiskija ist es, der die Schlange am Kopf trifft und zerstörend erniedrigt, und die Schlange, das „Importsymbol" aus Ägypten, so möchte ich es mal nennen, trifft ihn, wiederum den

Hiskija, an der Ferse, d. h. bleibt so auf seiner Spur, daß es ihn schließlich auch zu Fall bringt. Wir sehen, diese Ambivalenz im politischen, reformerischen Verhalten des Hiskija wird hier bildlich umgesetzt. Heutzutage haben wir es schwer, solche Diktionen ins richtige Licht zu setzen; ich denke aber, es ist sehr hilfreich, wenn wir die zeitgeschichtlichen Bedingtheiten solch schwieriger Formulierungen verstehen. Auch in diesem Zusammenhang gilt, daß der zeitgenössische Literat seine Sicht der Entwicklung zum Ausdruck bringt. Für ihn ist Hiskija ein Reformer und ein Gefährdeter zugleich. Im Grunde wird an Hiskija beschrieben, was Menschen zu allen Zeiten kennzeichnet, daß in ihnen zwar der Wille greifbar ist, sich auf Gott einzulassen, daß diese Existenz aber zugleich eine versuchte Existenz ist und immer wieder zu Rückversicherungen führt, wie das in der Politik des Hiskija zum Ausdruck kommt. Deswegen ist es auch nicht sinnvoll, die Beschreibung der Eigenheit der Politik des Hiskija und der Entwicklung, die zu seiner Tat führt, zu generalisieren und zu sagen, das ist es, was Inhalt und Konsequenz einer Tat wie der „Ursünde" ausmacht. Es handelt sich um eine perspektivische Darstellung. Der jahwistische Autor interpretiert seine Zeit und versucht, das Hin und Her, an dem der Mensch zu leiden hat, zu begründen oder, besser gesagt, zu illustrieren. Er verfolgt dabei kein dogmatisch-spekulatives Interesse, um Ursache und Wirkung auszuloten, sondern es geht um die Wiedergabe des Eindrucks, den er vom Menschen hat: Seht, so ist der Mensch, er ist hin- und hergerissen; seine positiven Absichten in allen Ehren, aber er ist auch immer wieder versucht, sich in Überschätzung seiner Rolle vor Gott zu behaupten, um dann gründlich zu versagen. Er macht gar zu oft einen Bogen um das, was der Prophet Jesaja ausdrückt mit dem „Sich-Festmachen in Jahwe" (vgl. Jes 7,9). Würde der Mensch dem nachkommen, bräuchte er überhaupt keine weitere Lebensdevise, dann würde er nicht in Rückversicherungsmechanismen oder in die Hybris verfallen, so sein zu wollen wie Gott (vgl. Gen 3,5). Er müßte nicht den Weisheitssymbolen anhängen wollen, die nicht in Israel gewachsen sind. Das alles hätte der Mensch nicht nötig, würde er sich unmittelbar in Jahwe, dem Gott Israels, von Anfang an festmachen.

Schauen wir ein wenig weiter in unserem Text.

Frau und Mann: Leid-Tragende auf Lebenszeit

Von der Frau heißt es:

Viel Mühsal bereite ich dir, sooft du schwanger wirst. Unter Schmerzen gebierst du Kinder. Du hast Verlangen nach deinem Mann; er aber wird über dich herrschen. (Gen 3, 16)

Eine bedrückende Aussicht in die Erfahrungen der Menschheit, aber kein Freibrief für die Dominanz des männlichen Geschlechts über das weibliche. Er ist auch keine Erklärung für die Schmerzen beim Geburtsvorgang. Es ist überhaupt keine Erklärung im üblichen Sinn und nicht zu vergleichen mit den sogenannten Ätiologien, die beispielsweise die Bedeutung von bestimmten Orten oder Namen begründen wollen. Auf dieser Ebene kann man den Text nicht abhandeln, er will keine Begründungsgeschichte sein, wo Ursache und Wirkung zueinander in Beziehung gesetzt werden. Nein, es geht um eine perspektivische Sicht. Der Autor kommt nicht zurecht mit dem, was an Fremdheit in Israel im Laufe der Königszeit erfahren worden ist. Er ist im eigentlichen Sinne konservativ und möchte das Ethos weiterpflegen, das in der nomadischen Kultur gewachsen und mit der städtischen nicht ohne weiteres zusammenzubringen ist. Wiederum haben wir hier nur *eine* Perspektive vor uns. Der Blick der städtischen Bewohner Jerusalems ist ein anderer, vor allem der höfischen Verteidiger der Aktionen Salomos und seiner Nachfolger bis hin zur Politik Hiskijas. Sie haben ganz andere Begründungen, oder besser: zeitgeschichtliche Illustrationen bereit. Im Buch der Sprüche wird auf einmal die „Frau Weisheit" profiliert. Sie steht in einer ganz anderen Autorität, allerdings auch die „fremde Frau" in negativer Sicht. Die Extreme können im Alten Testament jeweils ungeschmälert zur Geltung kommen. Wie positiv in der Bibel von der Lebensfreude der Frau gesprochen werden kann, zeigt vor allem das Hohelied, eine ganz andere Sicht!

Alles bisher Gesagte verbietet es, das Unheil und das unselige Leid des Menschen, Geburt und Tod einfach auf eine geschichtliche Anfangstat, begangen vom ersten Menschenpaar, gar im Rahmen einer Verführung durch die Frau als der Ursache für alles Übel schlechthin zurückzuführen. Die Autoren wollen zeitgeschichtliche Erfahrungen ins Bild setzen, und es kommt in erster Linie auf ihre perspektivischen Bilder und deren Dimensionen an. Man nimmt wahr, daß es Leid in der Welt gibt und man möchte für seinen Teil sagen: dieses Leid hängt damit zusammen, daß etwas Fremdes ins Land gekommen ist. Man sollte das nicht ohne weiteres als Ausländerschelte brandmarken. Dafür greift die Identitätskrise in Israel zu tief und findet ihre Nachfolger bis in unsere Zeit. Mit der provozierenden Kraft des Fremden muß ja ohnehin jede Gesellschaft zurechtkommen. Es kommt natürlich darauf an, ob man diese Kraft integriert oder ob man sich vordergründig und allzu schnell von ihr absetzt.

Zu Adam sprach er: So ist verflucht der Ackerboden deinetwegen. Unter Mühsal wirst du von ihm essen alle Tage deines Lebens. Dornen und Disteln läßt er dir wachsen, und die Pflanzen des Feldes mußt du essen. Im Schweiße deines Angesichts sollst du dein Brot essen, bis du zurückkehrst zum Ackerboden; von ihm bist du ja genommen. Denn Staub bist du, zum Staub mußt du zurück. (Gen 3, 17–19)

All diese gut bekannten Formulierungen, die die Mühsal der Existenz des Menschen zum Thema haben, werden ebenfalls nicht einlinig auf eine für die ganze Bibel geltende Devise zurückgeführt, daß der Mensch, der Mensch Adam, am Anfang gesündigt habe. „Adam" ist ja von Haus aus kein Eigenname in der Schöpfungs- und Sündenfallerzählung, „Adam" heißt Mensch. Es wird etwas typisch Menschliches ausgesagt: daß der Mensch mit dem Leid leben muß — eine unverschnörkelte Beobachtung und die Feststellung, daß es nicht mehr so ist, wie man es sich wünschte. Darin ist vor allen Dingen der Blick auf die politischen Erfahrungen der Vergangenheit eingefangen, daß das Paradies verlorengegangen ist durch die Trennung der beiden Reiche Israel und Juda, daß die glanzvolle Zeit Davids und Salomos vorbei ist, daß gewissermaßen das „Chaos" ausgebrochen ist, ein wichtiger Gesichtspunkt für die Substanz der Paradiesgeschichte. Die Vertreibung aus dem Paradies ist ein Bild für den Verlust der staatlichen Einheit. Die biblischen Schriftsteller bewegen sich damit in den Spuren der Ägypter. Wenn sich das Nordreich Ägyptens vom Südreich oder umgekehrt getrennt hat, dann war für die Ägypter jeweils das „Chaos" ausgebrochen, und wem es gelang, die beiden Reiche wieder zu vereinigen, der wurde in höchsten Tönen gelobt als der „Reichseiniger", der Ordner schlechthin, der das Chaos bezwungen hat, wie es in der Literatur heißt. Auf der gleichen Ebene liegt die Paradiesgeschichte. „Eden" erweist sich als ein Traum, der aus Erfahrungen gespeist ist und in die Vergangenheit schaut, aber auch etwas anzeigt, was wieder sein könnte und werden möchte. Die gegenwärtige Situation aber wird im Text schonungslos aufgedeckt. Im Spruch an Adam zeigt der jahwistische Autor auf, daß der Mensch, der in seiner Hybris versucht, ohne die Weisheit Jahwes auszukommen, der sich dem irritierenden Fremden vorbehaltlos öffnet, sich seine Identität rauben läßt, sich immer wieder von seinem Gott entfernt: daß dieser Mensch, typologisch gefaßt, ins Unglück geht und eigentlich die Schuld daran trägt, daß es so viel Leid gibt.

Ich betone noch einmal: das ist ein perspektivisches Bild, es ist nicht *das* Bild des Alten Testaments, es ist nicht *die* Erklärung für Gewalt und Leid in der Welt. Es ist die Sichtweise eines literarischen Textes mit politischem Hintergrund. Wir müssen daher weitere Texte hinzunehmen, die die Thematik anders problematisieren und versuchen, dem Schicksal des Menschen differenzierter nahezutreten.

So ist die Bibel: Sie gibt Überlegungen wie im Schöpfungstext Raum, führt aber auch den Leser / Hörer weiter. Man sollte also die ganze Bibel lesen, um das herauszuhören, was zur Erfahrung der Gewalt, zum Leben mit ihr, aber auch zur Überwindung gesagt wird.

2. Teil

DIE BIBEL — LEBEN MIT DEM GEWALT-TÄTIGEN GOTT

Die Suche nach einer Medizin gegen das Virus „Gewalt" muß ohne Erfolg bleiben, wenn man nicht vorher das „Virus" selbst entdeckt hat, um an die Quelle der „Volksseuche" Gewalt zu kommen. Erst dann wird es möglich sein, auch eine Medizin zu finden.

Ähnliche Gedanken haben die Menschen wohl zu allen Zeiten gehabt. Die Bibel, so haben wir im ersten Teil unserer Überlegungen gesehen, hat die Schöpfung selber von der Einrichtung der Gewalt als fester Institution oder Wirkkraft freigesprochen. Sie macht in der Regel nicht Gott selbst für das verantwortlich, was an Gewalt da ist, jedenfalls nicht in den bisher betrachteten Texten. Wir wollen aber nicht verkennen, daß die Bibel auch weitere Perspektiven nennen kann, Stimmen, die Gott für verantwortlich halten für alles, was in der Welt an Gewalttätigkeit geschieht, vor allem dann, wenn ein einzelner mit dem unverstandenen Leid konfrontiert wird. Naturgemäß werden diese Stimmen, die vor allem im Buch Ijob laut werden, uns noch zu beschäftigen haben.

Ich möchte aber der Reihe nach vorgehen und Texte interpretieren, die uns besonders problematisch und schwer vermittelbar scheinen. Wir wollen jeweils fragen, wie steht der Autor zur Gewalt, und welche Schritte empfiehlt er, um aus dem Teufelskreis der Gewalt herauszukommen.

I. Gott läßt töten

Ich knüpfe an den Text an, der zuletzt zur Debatte stand: die Sündenfallerzählung in Verbindung mit den Fluchworten. Wir können als Resümee festhalten, daß der jahwistische Autor die Gewalt damit in Verbindung bringt, daß der Mensch seine Identität, sein Geschaffensein und seine Sippengebundenheit nicht wahrhaben will, daß der Mensch im Grunde da den Weg zur Gewalt öffnet, wo er sich überfremden läßt. In der Perspektive des jahwistischen Autors ist es möglicherweise der Nachahmungstrieb in Israel, so sein zu wollen wie andere Völker, der Drang nach internationaler Anerkennung, der zu dem Eindringen der Gewalt geführt hat. Der Bearbeiter der jahwistischen Darstellung, der nachjahwistische oder spätjahwistische sogenannte Jehovist, auf den ein Teil der Fluchworte an die Schlange, an die Frau und an den Mann zurückgeht, interpretiert die Voraussetzungen etwas schärfer und radikaler, wenn er meint, daß der Nachahmungstrieb des Menschen in Israel so weit gegangen sei, daß er wie Gott hätte sein wollen. Sein-Wollen wie Gott, das hieße auch, zwischen Gut und Böse zu unterscheiden, d. h. die Autonomie festschreiben, für sich beanspruchen zu wollen, über das zu befinden, was gut und was böse ist. Hier haben wir den bereits fortgeschrittenen Reflexionsstand des nachjahwistischen Interpreten vor uns, der auf der gleichen Linie wie der Jahwist liegt. Es geht um die Behauptung israelitischer Identität. Sie wird bedroht sein und der Gewalt Tür und Tor öffnen, wenn der Mensch mit der Bindung an Jahwe nicht zufrieden ist, sondern selbst sein will wie Gott, so wie die Ägypter für die Gestalt des Pharao göttliche Züge beansprucht haben. Eine Bewegung, die von unten nach oben spürbar ist, wo das Menschliche sich zum Göttlichen erhebt im Gegensatz zu der griechischen Perspektive, wo die Götter zu Menschen werden, ist für den nachjahwistischen Autor ein wesentlicher Grund dafür, daß Menschen ihr Konto überziehen und aneinander geraten und der Boden für die Gewalt gedüngt wird. Diese Interpretation ist nur eine von vielen Stimmen.

Wir wollen jetzt zu weiteren Urgeschichten oder Anfangserzählungen im Alten Testament übergehen, die oft sehr konkret anmuten und der Meinung Nahrung geben, daß hier noch griffiger von der Wurzel der Gewalt gehandelt wird. Als nächste Kurzerzählung bietet sich die Geschichte von Kain und Abel an.

1. Gen 4, 1–16: Der Brudermord

Ich wähle eine Übersetzung des Textes aus dem neuesten Kommentar von Lothar Ruppert, die sehr wörtlich ist und so die Schwierigkeiten des Textes vor Augen treten läßt.

Und der Mensch erkannte seine Frau Chawwa (Eva), und sie wurde schwanger und gebar den Kain. Da sagte sie: Ich habe einen Mann hervorgebracht (mit Jahwe). Da gebar sie nochmals seinen Bruder: den Abel. Abel wurde ein Kleinviehhirte und Kain ein Ackerbauer. Nach einiger Zeit geschah es, da brachte Kain Jahwe von den Früchten des Ackerbodens eine Opfergabe dar und Abel, auch er brachte von den Erstlingen seiner Herde (und von ihren Fettstücken) dar. Und Jahwe schaute auf Abel und seine Opfergabe, aber auf Kain und seine Opfergabe schaute er nicht. Da wurde Kain sehr zornig, und sein Gesicht senkte sich. Da sprach Jahwe zu Kain: Warum bist du erzürnt und warum ist dein Gesicht gesenkt? Ist's nicht so? Wenn du recht handelst, ist Erheben. Wenn du aber nicht recht handelst, so lauert die Sünde vor der Tür, und nach dir steht ihr Verlangen. Du aber sollst Herr über sie werden. (Darauf sagte Kain zu Abel:) ... Und als sie auf dem Felde waren, erhob sich Kain gegen seinen Bruder Abel und erschlug ihn. Da sprach Jahwe zu Kain: Wo ist dein Bruder Abel? Er aber sagte: Ich weiß es nicht. Bin ich der Hüter meines Bruders? Und er sprach: Was hast du getan? Die Stimme des Blutes deines Bruders schreit zu mir vom Ackerboden her. Und nun ver-

flucht bist du vom Ackerboden fort, der seinen Mund geöffnet hat, das Blut deines Bruders aufzunehmen von deiner Hand. Wenn du den Ackerboden bebaust, wird er dir fortan nicht mehr seinen Ertrag geben. Unstet und flüchtig sollst du sein auf der Erde. Da sagte Kain zu Jahwe: Zu schwer zu ertragen ist meine Strafe. Sieh, du vertreibst mich heute von der Oberfläche des Ackerbodens, und vor dir muß ich mich verstecken und unstet und flüchtig muß ich sein auf der Erde. So wird mich jeder, der mich findet, erschlagen. Da sprach Jahwe zu ihm: Nicht so! Jeder, der Kain erschlägt, an dem soll es siebenfach gerächt werden. Und Jahwe setzte dem Kain ein Zeichen, damit ihn nicht jeder erschlüge, der ihn fände. Und Kain ging vom Angesicht Jahwes fort und ließ sich im Lande Nod, östlich von Eden nieder.

Es ist nützlich und hilfreich, immer wieder den Urtext zu befragen, und selbst wenn man mit deutschen Übersetzungen sehr vertraut ist, wird man überrascht sein, welche Züge sich anbieten, wenn man die Originalfassung zu Rate zieht, auch in seinen Problemen und Schwierigkeiten.

Die Deutung dieses Textes hat in der Forschungsgeschichte zu recht unterschiedlichen Lösungen geführt. Ich möchte jetzt nicht die diversen Ergebnisse vorstellen, sondern das benennen, was mir aufgrund der jüngsten Diskussionslage zu diesem Text plausibel erscheint.

Wir haben eine Geschichte vor uns, die literarisch am ehesten in den Bereich der sogenannten jahwistischen und spät- oder nachjahwistischen Geschichtsschreibung gehört. Es soll nicht behauptet werden, daß diese Geschichte aus einem Guß ist, sie hat möglicherweise eine literarische Vorform gehabt. Mir geht es hier darum, den uns gegebenen Text zum Ausgangspunkt zu machen und uns nicht auf die Frage einer möglichen literarischen Vorlage einzulassen. Es genügt, wenn wir feststellen, daß der Text im Laufe der frühen Königszeit gewachsen und etwa bis zum 8. Jahrhundert v. Chr. seine jetzige Gestalt gewonnen hat. Das kann man als gut begründete Hypothese für unseren Zusammenhang gelten lassen.

Tiefsitzende Erinnerungen

Worin aber liegt die besondere Intention der Erzählung? Man hat immer wieder und m. E. zu Recht auf die typologische Bedeutung der Namen Kain und Abel Rücksicht genommen und hat hinter diesen beiden Gestalten ethnische Konstellationen vermutet: Hinter Abel stehe jene Bevölkerung, die sich mit der Sorge um die Kleinviehherden beschäftigt, also die typisch nomadische Bevölkerung, die dann auch von den Erstlingen Opfer darbringen kann, wie auch immer diese liturgische oder religiöse Praxis begründet ist oder woher sie kommt — wir kommen noch darauf zu sprechen. Es ist eine besondere Eigenheit der nomadischen Bevölkerung überhaupt, daß sie sich mit den Kleinviehherden und dem Trieb auf die Weideplätze befassen muß, es gehört zum Kennzeichen ihrer ethnischen Verfassung. Abel meint auch vom Wortnamen her den Flüchtigen, den Menschen, der vorübergehend da ist, so daß man mit dem Namen selbst schon einen bestimmten Fingerzeig für den Bevölkerungskreis hat, der damit gemeint sein könnte. Auf Abel trifft eigentlich das zu, was später von Kain gesagt wird, nämlich die Unstetigkeit, das flüchtige Dasein. Nicht umsonst hat das Buch Kohelet gerade den Namen Abels „rezipiert" und zum Programm seines Buches gemacht. Der erste Satz lautet hebräisch *hebel habalim*, was lautlich an den Namen Abel erinnert. Luther übersetzt diesen Satz mit „Alles ist eitel", die Einheitsübersetzung: „Alles ist Windhauch". Das Flüchtige und Unbeständige verkörpert sich in diesem Namen Abel und kennzeichnet zugleich eine ganze Bevölkerungsgruppe.

Gegenüber steht Kain. Das Wort Kain hat ebenfalls eine semantische Bedeutung, die aber auf Leute zielt, die im Zuge der beginnenden Industrialisierung als Schmiede tätig sind. Vielleicht hängt das Wort Kain auch mit dem Wort Schmied zusammen. Daß er den Ackerboden bewirtschaftet, zeigt, daß er eine andere, zumindest eine differierende Bevölkerung vertritt, in erster Linie diejenigen, die mehrheitlich am Orte bleiben, vielleicht schon Stadtbewohner sind, jedenfalls diejenigen, die nicht nur mit der

Versorgung der Tiere leben, sondern in erster Linie Landbesitz haben und dazu womöglich in der Metallverarbeitung tätig sind. Das führt uns natürlich in die Frühzeit der Geschichte Israels, und wir werden daran erinnert, daß die sogenannten *Schasu* als bewegliche Einheiten in Südpalästina sich sowohl als Kleinviehhirten wie auch als Facharbeiter in der Metallverarbeitung betätigt haben. Ich erinnere an diese frühe Konstellation, die auch für das Verständnis des Exodusgeschehens von Bedeutung ist. Man muß also diese beiden Bevölkerungsformen in ursprünglicher Nachbarschaft und in wechselseitiger Beziehung erkennen. Die Konfrontation sollte man sich nicht zu einfach machen, sie ist vielmehr in dem mitgegeben, was Israel an kultureller Erinnerung aus der Vergangenheit mit sich trägt. Zu dieser kulturellen Erinnerung gehört, daß sowohl die Sorge für die Kleinviehherden, verkörpert in der Person des Abel, wie auch die Sorge für den Ackerboden und damit verknüpft die beginnende Zivilisation, verbunden mit dem Namen Kain, zu den Anfängen Israels beigetragen haben.

Der Autor will in dieser Geschichte daran erinnern, daß bereits in den allerersten, für Israel so grundlegenden Bevölkerungseinheiten Spannungen ausgebrochen sind. Man kann das heute auch aus außerbiblischen Quellen so weit bestätigen, als wir von internen Auseinandersetzungen und Rivalitäten der Schasu-Gruppen wissen. Möglicherweise ist das das Erbstück, das in der Erinnerung Israels eine Rolle spielt und jetzt von dem Autor beschworen und nun noch einmal zur Sprache gebracht wird, daß es zwischen den Kleinviehhirten und Leuten, die auf dem Wege zur festen Ansiedlung sind, fundamentale Spannungen gab.

Wenn im Alten Testament die Rede von Brüdern ist, so ist damit meist die Vorstellung von feindlichen Brüdern verbunden. Beispiel: Jakob und Esau, eine Opposition, die programmatisch und bezeichnend ist.

Beim Bedenken der ethnischen Bedeutung der beiden Gestalten Kain und Abel ergibt sich eine noch weiter zugespitzte Deutung darin, daß in Kain aus der Perspektive Israels diejenigen angesprochen sind, die nicht zu dem eigentlich erwählten Kreis gehören und so gerade das nicht ausmachen, was Israel seine Identität gibt. Es ist spürbar, daß in Abel eine Bezugsperson geschildert wird, mit der sich der Verfasser leichter identifiziert, wohingegen er in Kain eine Bevölkerungsgruppe erkennt, die den Städtern nahe steht, die Israel nicht unbedingt das Eigengepräge gibt. Der Jahwist und der Nachjahwist sind ohnehin Parteigänger der nomadischen Geschichte Israels. Denken wir an die Abrahams- und Jakobsgeschichte, soweit sie von der jahwistischen Tradition übernommen wird. Das Interesse gilt viel stärker den flüchtigen, nomadischen, flexibleren Elementen, weil der Jahwist und der Nachjahwist darin das Spezifikum Israels wahrnehmen. Mit diesen Zuweisungen sind natürlich Probleme verbunden, die ich nicht weiter ausloten will. Es genügt auch bei der Behandlung dieser beiden Prototypen festzustellen, daß sich hier eine kulturelle Erinnerung verbirgt, die fortwirkt in die Gegenwart, daß die Städter gegen die Nichtstädter anstehen, daß diejenigen, die die Vorzüge der Zivilisation in festen Städten genießen, in gewisser Konfrontation zu denen stehen, die nicht städtisch, nicht urban organisiert sind, sondern in Stammesgemeinschaften leben. Möglicherweise ist das der eigentliche den Autor beschäftigende Spannungshorizont.

Nun zur Frage: Wie kommt es dazu, daß Kain seinen Bruder erschlägt? Dazu sind in jüngster Zeit von einer ganz anderen Seite her neue, originelle Gedanken eingebracht worden. Bevor ich den exegetischen Standpunkt erläutere und damit wieder den Text zu Rate ziehe, möchte ich den ganz neuen Interpretationsbefund charakterisieren. Er hängt zusammen mit einer Theorie, die von René Girard aufgestellt worden ist, eine der bestechendsten und meistdiskutierten Theorien über die Herkunft der Gewalt.

Gewalt aus Rivalität

In seinem Buch „Das Heilige und die Gewalt" vertritt René Girard die These, daß die Menschheitsgeschichte von allem Anfang an in einen bestimmten Prozeß eingebunden ist, der geradezu zwangsläufig zum Ausbruch von Gewalt geführt hat. Ich kann hier nur eine geraffte Darstellung der Thesen bieten.

Girard ist der Meinung, daß der Vorgang der Nachahmung in der uralten Menschheitsgeschichte ein entscheidender Faktor ist, daß Menschen auf den Stand des anderen, des Gegenübers, des Mitmenschen kommen wollen. Einfacher ausgedrückt: daß hier eine Interessensucht greifbar wird, die auf Gleichstellung oder sogar auf Überflügelung gerichtet ist, also ein Trieb, der Menschen immer miteinander in Wettbewerb radikaler Natur treten läßt. Das führe nach Girard zu den Mechanismen der Verdrängung und der gewalttätigen Behandlung des Fremden. Daß die Rivalität ein solch massiver Faktor ist, braucht man nicht eigens zu betonen, wir erleben sie tagtäglich. Ethnologisch verstanden soll es ein fundamentales Rivalitätsbemühen vom Anfang der Menschheitsgeschichte an gegeben haben, aber so, daß zunächst einmal Gruppeninteressen mobilisiert werden, die nebeneinander bestehen. Es kommt dann merkwürdigerweise beim Fortschritt dieser massiven Gruppeninteressen zu einer Bündelung von Interessen, die wiederum ein Drittes zum Gegenstand der Auseinandersetzung machen. Die rivalisierenden Gruppen verbünden sich, um einem Dritten Gewalt anzutun und ihn dann zur Wurzel allen Übels zu erklären. Das ist der Anfang des sogenannten „Sündenbockdenkens", das in der Geschichte der Menschheit tatsächlich bis in unsere Tage immer wieder eine große Rolle spielt.

Ein trauriges Beispiel unserer Tage drängt sich mir dazu auf, vor allem in bezug auf die Praxis, im Sündenbock die Gewalt zu verdrängen oder mit ihr zurechtzukommen, sie zu überlisten. Ich meine mit allen Vorbehalten, die man dagegen haben kann, das „Lehrstück Jugoslawien". Am Anfang des Konflikts lag das Interesse der serbischen Seite, eine jahrhundertelange Vorherrschaft und Bedrängnis seitens der anstehenden Parteien zu überwinden und nicht wieder aufkommen zu lassen und dafür sich selber ins Spiel zu bringen. Wir erkennen darin so etwas wie den uralten Nachahmungstrieb; man möchte es anderen (u. a. den Christen westlicher Nationen) gleichtun, sich ebenfalls in den Vordergrund drängen und machtpolitisch aktiv werden. In Analogie zu R. Girard kann man dann beobachten, daß im Zuge dieser Interessenskonflikte sich neue Konstellationen ergeben. Auf einmal gehen Serben mit den Kroaten zusammen und haben jetzt gemeinsam einen Dritten, den eigentlichen Sündenbock im Visier; für beide Parteien sind das die Muslime geworden. So sieht die Sache grob betrachtet aus bei allen Komplikationen, die sich im Detail ergeben. Ich denke, man kann mit diesem Beispiel deutlich machen, was Girard meint, daß so Gewalt zustande kommt, indem Interessenskonflikte ausgetragen werden, die man aber dadurch überwinden will, daß man einen Dritten mit all der Schuld belastet und ihn dann abdrängt. So müssen die Muslime, trotz einiger unrühmlicher Aktivitäten, die aber im Gesamtgefüge der Auseinandersetzungen kaum ins Gewicht fallen, gegenwärtig all das aushalten, was die gemeinsamen Interessen der Serben und Kroaten betrifft.

Girard ist einen Schritt weiter gegangen, der unmittelbar unseren Text zu Hilfe nimmt. Girard nennt in seinem Buch gerade die Kain-und-Abel-Geschichte am Anfang seiner Untersuchung als Beispiel dafür, welche Wege der Überwindung der Gewalt hier angesetzt werden. Er meint, daß die Verdrängung, die einen Sündenbock fordert, eigentlich von den Religionen dahingehend übersetzt wird, daß sie das Opfer einführen. Das Opfer sei solch eine Art primärer Verdrängung der allgemeinen Gewalt, so daß mit Hilfe der Opferung eines Tieres ihm gewissermaßen die Schuld oder die Frustration übertragen wird und daß das Opfer — so Girard — eine Art Ventil der gewalttätigen Auseinandersetzung und des Überdrusses an der Gewalt sei. Es macht sich also der Widerstand oder der Versuch, der Gewalt Herr zu werden, in Gestalt des Opfers breit. Das sind Überlegungen, die man immerhin weiter reflektieren muß. Man muß allerdings auch fragen, ob sie für das Alte Testament so übertragbar sind, ob sich da die Aspekte wieder treffen, die den Autor dieses Textes und anderer Texte beschäftigen.

Diese Theorie René Girards kann immerhin eine besondere Perspektive des Opfers bewußt machen. Wenn es so ist, daß das Opfer die Gewalttat oder den Hang zur Gewalt wie ein Ventil ableitet, dann kann man ja mit Girard auch dem christlichen Opfergedanken und letzten Endes sogar dem stellvertretenden Sühnopfer in der Gestalt des Opfers Christi einen neuen Aspekt abgewinnen. Wenn schließlich Gott selber seinen Sohn darbringen läßt, wenn es also zu dieser Opfertat kommt, die dann im Meßopfer nach früherer Diktion als unblutige Erneuerung des Kreuzesopfers Christi wiederkehrt — hier wird deutlich, wie schwierig es mittlerweile geworden ist, so etwas in unser Bewußtsein hereinzuholen —, dann sehen wir, daß diese Linie hier wohl ihren Ausdruck findet. Es ist möglich, daß Girard von dieser Position her seine Gedanken mitgeprägt hat, daß die Tatsache, daß Gott letzten Endes selber dieses Opfer zuläßt, die letzte Garantie für das Verschwinden der Gewalt ist. Das von Gott selber initiierte, befürwortete und getragene Kreuzesopfer, das er sozusagen selber vollzieht, indem er seinen Erstgeborenen, also das Erstlingsopfer, seinen Sohn dahingibt, ist die eigentliche Speerspitze gegen die Gewalt. Ein faszinierender Gedanke, dem man wohl Aufmerksamkeit schenken muß. Dennoch ist er nicht so ohne weiteres vermittelbar, so daß wir uns einer anderen Darstellung bedienen müssen, die die genannte nicht völlig ausschließt, aber in eine Sprache gießt, die man heute besser verstehen kann. Im Grundansatz möchte ich diesen Perspektiven Recht geben; wir müssen uns aber unbedingt um eine unseren Ohren und unserem Vorstellungsbereich näherstehende Sprache bemühen. Christliche Gemeinschaft und christliches Feiern hat ja nicht ausschließlich mit dem Opfergedanken zu tun, wir haben vielmehr gelernt, stärker mit der Mahlfeier, also mit dem Gedanken des Teilens zurechtzukommen. Das schafft hier neue und wichtige Aspekte, die vielleicht fruchtbringender sind als die theoretische Abhandlung von der unblutigen Erneuerung des Kreuzesopfers Christi. Ich denke, wir sollten heute auch in der Lage sein, gerade den Aspekt des gemeinschaftbildenden Teilens einzubringen, um zu dem ursprünglichen Gehalt des Opfergedankens auch in unserer Geschichte das richtige Verhältnis zu finden.

Opfern vom Besten

Kehren wir zu unserer Erzählung zurück. Kain und Abel sind beide als Opferer tätig. Kain bringt die Erstlingsfrüchte des Ackerbodens dar und Abel die Erstlinge seiner Herde, Abel ein Tieropfer, Kain ein Pflanzenopfer. Nun sagt Girard in der Interpretation zu dieser Stelle, daß das Tieropfer des Abel die eigentlich richtige und beständige Verdrängungsweise gewesen sei. Abel sei derjenige gewesen, der Gewalt auf diese Weise ableitet und das Aufkommen der Gewalt im Darbringen eines Tieropfers in den Griff bekommt. Kain sei dazu nicht in der Lage gewesen, er habe durch sein Pflanzenopfer keinen Verdrängungsmechanismus auslösen können und habe deswegen zu der brutalen Gewalttat an seinem Bruder gegriffen; d. h., daß Kain von seinem Hang zur Gewalt befreit worden wäre, wenn er sich des Tieropfers bedient hätte. Hierzu kann man natürlich verschiedener Meinung sein. Ich möchte mich nicht ohne weiteres der Idee des Tieropfers als *des* Ventils gegenüber der Gewalt anschließen. Ich glaube, der biblische Autor benennt hier etwas anderes, etwas Weiterführendes. Es geht m. E. gar nicht darum, welche Art von Opfer dargebracht wird. Unser Text sagt gar nicht mehr darüber aus. Es ist lediglich verdeutlicht, daß beide ihre Primitialopfer, ihre Erstlingsopfer darbringen.

Man muß sich einmal klarmachen, was es heißt, die Erstlingsgaben zu opfern: die allerersten Früchte, d. h. das Allerbeste, Frischeste und das Lebendigste. Man blickt manchmal aus der Perspektive der Christen verächtlich auf die Opferwilligkeit im Alten Testament. Man muß aber bedenken, welch ungeheure Abgabe es ist, vom Allerbesten etwas zu geben, ein Eingriff in das Beste, was man hat. Opfer im Sinne einer Widmung, in der auch das Teilen seine Bedeutung hat. In diesem Sinn kann man sich über dieses Opfer der Erstlingsgaben nicht geringschätzig hinwegsetzen.

Beide, Kain und Abel, bringen also von dem Besten dar, was sie haben, woraus wir eigentlich erkennen könnten, daß Kain am Anfang keineswegs so schlecht dasteht, wie wir ihn gern von vornherein charakterisieren und Abel gegenüberstellen. Ein bloßes Negativurteil über Kain wäre nicht gerecht. Der biblische Autor gewinnt dem Kain durchaus auch positive Ansätze ab, nicht zuletzt darin, daß Kain am Ende nicht dem Tod anheimfällt bzw. nach dem Brudermord nicht dem Gesetz von Tun und Ergehen verfällt. Naheliegend wäre ja wohl eine Vergeltung im Sinne des „Auge für Auge, Zahn für Zahn" gewesen. Jahwe tut das aber nicht, er kann auch den angeblichen Tun-Ergehen-Zusammenhang durchbrechen und vollzieht das sogar. Die Geschichte von Kain und Abel ist ein schlagender Beweis dafür. Kain wird nicht mit dem Tod bestraft. Er steht nicht für alle Zeiten und endgültig als der absolut Schlechte da. Wir können hier ein Grundbekenntnis zur Humanität herauslesen, die nicht einfach ausgelöscht werden kann. Vielleicht finden wir hier einen markanten Ansatz dafür, daß man sich auch im Alten Testament und mit Hilfe des Alten Testaments gegen die Todesstrafe aussprechen kann. Eine grundlegende Anerkenntnis der humanen Existenz und der menschlichen Bedürfnisse, auch der Fähigkeit des Menschen, in radikaler Weise teilen zu können.

Warum tötet Kain?

Das Teilen gilt in gleicher Weise von Kain und von Abel. Wie kommt aber nun Kain dazu, seinen Bruder zu erschlagen? Abgesehen von der möglichen Vorlage, die dazu gar nichts hergibt, sagt der Text nur: „auf Kain und seine Opfergabe schaute Jahwe nicht" und „da wurde Kain sehr zornig, und sein Gesicht senkte sich". Es kommt dann zu einer Debatte zwischen Jahwe und Kain. „Wenn du recht handelst, ist Erheben (deines Angesichts. Dann kannst du aufblicken). Wenn du aber nicht recht handelst, dann lauert die Sünde vor der Tür, und nach dir steht ihr Verlangen." Das ist ein Versuch, die Versuchung zur gewaltsamen Auseinandersetzung ins Bild zu bringen. Der Autor bemüht eine Art Dämon, der hinter der Tür lauert, d. h. eine außerhalb dieser beiden befindliche Größe, nicht unbedingt der Teufel, aber eine damonische Wirklichkeit, die — wie das Bild sagt — vor der Tür lauert und drauf und dran ist, hereinzubrechen. Das Bild bewegt sich wieder auf einer Ebene, die wir schon kennengelernt haben: eine numinose Macht wird offenbar vergegenwärtigt, die dabei ist, sich Eingang zu verschaffen. Der Dialog sagt aber auch, daß Kain die Möglichkeit gehabt hätte, sich über diesen Dämon hinwegzusetzen und ihm nicht zu folgen. Der Autor sieht darin ein Stück menschliche Freiheit gegeben, die der Person des Kain so viel zutraut, daß er hätte Widerstand leisten können. Dieser Gedanke muß nicht von vornherein in der Intention dieser Erzählung gelegen haben. Kain wird sehr zornig, weil seine Opfergabe angeblich nicht von Jahwe angeschaut wird — eine Bild- und Reflexionsrede: Abel in der Gestalt Israels, dem Bestand gewährt wird, Kain aber als eine Bedrohung für Israel. Dahinter steht möglicherweise der Erwählungsgedanke. Es geht zunächst weniger um psychologische Gesichtspunkte als vielmehr um bevölkerungspolitische Rivalität.

Die Urgeschichten der Bibel wollen nicht einfach behandelt und abgehandelt, sie wollen immer wieder bedacht werden, denn sie sind auch in dem Sinne Urgeschichten, als sich in ihnen die Geschichte der menschlichen Anfänge aus der Sicht Israels ausspricht, welche ihrerseits wieder aus dem Erfahrungspotential der Menschen schöpft und zugleich ein gehöriges Stück Eigengut in die Auseinandersetzung mit diesem Erfahrungspotential einbringt.

Wer ist Kain?

Kain wird als jemand vorgestellt, der es nicht erträgt, daß sein Bruder, der, wie er selbst, ein Erstlingsopfer darbringt, angenommen wird. Hier haben wir eine bildliche Umschreibung für eine Bevölkerungsgruppe vor uns, die sich im Nachteil wähnt gegenüber einer anderen. Ich weise auf die schon angesprochene ethnologische Dimension hin, die Abel als Vertreter der wandernden Kleinviehnomaden ausweist und Kain als Vertreter der bäuerlichen Bevölkerung, die meistens seßhaft und an den Ackerbau gebunden ist. Uralte Rivalitäten spiegeln sich hier wider, was als die gesellschaftliche Komponente der Erzählung gelten kann. Daneben gibt es auch eine psychologische, d. h., die Konfrontation zwischen Kain und Abel ereignet sich auch in der Psyche des Menschen. Auch da gibt es Rivalitäten, innere Auseinandersetzungen um Selbststand und Besitzstand einerseits und um Rechtsanspruch und Anerkenntnis andererseits. In Kain und Abel drückt sich ein Spannungsfeld in der Selbsterfahrung des Menschen aus.

Es geht nicht an, eine dieser beiden Interpretationen absolut zu setzen. Es gehört zum Menschenbild, daß der Mensch sein Ich wie auch seine Wir-Bezogenheit reflektiert. Beiden Perspektiven gewährt die Erzählung Raum, in beiden drückt sich das aus, was die Menschen grundsätzlich bei ihrer Selbstbetrachtung beschäftigt. Daraus ergibt sich die Frage: Woran liegt es, daß man mit sich selbst uneins werden kann, selbst also auch intern mit sich Gewalt übt, neben der Gewalt, die offenkundig und nachweislich in der Gesellschaft existiert?

Erstaunlich ist, daß das Handeln des Kain, der seine Frustration wie ein Ventil am anderen, am Bruder ausläßt und Gewalt übt, Abel damit gewissermaßen zum Sündenbock macht, nicht den Tod des Kain nach sich zieht, so wie man es allenthalben erwarten würde. Gerade die alttestamentliche oder, wie man etwas abwertend sagt, „alttestamentarische" Sichtweise wird ja meistens immer noch dahingehend diskreditiert, daß man ihr das absolute Vorherrschen des Gesetzes „Auge für Auge, Zahn für Zahn" andichtet, was eine vollkommene Irreführung ist. Im Fall der Kain-und-Abel-Geschichte geschieht genau das Gegenteil. Kain wird für seinen Brudermord nicht mit dem Tod bestraft. Die Erzählung läßt Kain leben, überleben. Er ist eine gesellschaftliche und persönliche Realität, er lebt weiter und ist auch für die Zeitgenossen erfahrbar, während Abel abgedrängt wird und nicht die unmittelbare Erfahrungswirklichkeit darstellt. Mit Kain muß man leben, mit dem Kain in sich selbst und mit dem Kain in der Gesellschaft. Der Text drückt diese Tatsache in bildlicher und zugleich rätselhafter Weise aus, die vielfach unverstanden geblieben ist. Kain wird mit einem Zeichen belegt, sprichwörtlich mit dem „Kainsmal", damit ihn niemand angreift, und er läßt sich in einem Lande namens Nod, jenseits von Eden, nieder. Im „Osten von Eden", heißt es wörtlich.

Wo ist Kain?

Jenes Land im Osten von Eden wird vielfach geographisch fixiert als ein Land, das im vorderen Asien liegt, wie man schon Eden häufig nach Mesopotamien verlegt hat, was ganz irreführend ist. Eden ist ein Bildausdruck; er bedeutet Wohlhabenheit, Wonneland oder Paradies. Dieser bildliche Ausdruck steht auch für das freundliche Umfeld des Königshauses und der städtischen, palastgebundenen Umgebung, vor allem im Jerusalem der idealen Zeit der Vergangenheit, das eine paradiesische Existenz des königlichen Menschen ausdrückt. Das Land Nod, östlich von Eden, wo Kain wohnen bzw. sich fest niederlassen, geradezu „thronen" soll — so die Grundbedeutung des Verbums —, wollte man analog dazu wiederum geographisch ausloten und setzte es weiterhin im Osten, im Ostjordanland o. ä. an. Das ist wiederum falsch, denn es geht hier gar nicht um eine geographische Ausdrucksweise, sondern, wie bei dem hebräischen Ausdruck für das Gebiet „im Osten" überhaupt, um jenes Land, das dem Sonnenaufgang näher liegt und so die Region des Schöpfungsanfangs symbolisiert.

Jetzt werden wir erst recht fragen müssen: Was bedeutet das Land Nod? Bisher gibt es in der vorhandenen Literatur keine plausible Erklärung dafür. Man weist in der Regel gern auf eine vielleicht künstliche Namensgebung hin, die mit der Charakteristik des Kain als eines rastlosen und unruhigen Menschen zu tun habe. Das hebräische Wort für „rastlos" wäre dann einfach in einen Landesnamen umfunktioniert worden und bezeichnete so das Land der Rastlosigkeit und der Unruhe. Dies kann durchaus beabsichtigt sein, und ich möchte auch damit rechnen, daß die Beziehung zwischen dem Landesnamen und der Charakteristik des Kain als eines rastlosen Menschen gewollt und literarische Absicht ist.

Abgesehen davon aber hat schon H. Gunkel die Vermutung geäußert, daß der Name Nod auf einen älteren Landesnamen zurückgeht, der den gesamten Osten meint, ein Land östlich des bewohnten Gebiets. Ich halte es auch für möglich, daß hier ein entlehnter Landesname, nämlich die ägyptische Bezeichnung des „Gotteslandes" vorliegt, d. h. für das Land des göttlichen Sonnenaufgangs im Osten. Aus dem ägyptischen Wort für „Gott" ist dann der Name des Landes Nod geworden. Im Grunde ist nichts anderes als die alte Bezeichnung des idealisierten Gotteslandes gemeint, von dem gilt, daß dort diejenigen zuhause sind, die bei der Gewinnung und Bearbeitung der dortigen Bodenschätze tätig sind. Das paßt nun sehr gut zu Kain, von dem ja ausgesagt wird, daß er den Umgang mit den Metallen und den Mineralien verstehe, daß er sich der Industrie öffne und damit auch der Städtebildung förderlich sei. Er wird zum Gründer der Stadtstaaten, zum Repräsentanten der Stadtstaatenkette und der metallverarbeitenden Industrie und spiegelt damit eine Entwicklung in der Gesellschaft wider, die über das Nomadische hinausgreift. Mit Kain wird ein Stück der Gesellschaft beschrieben, die man vor Augen hat, eine mit der Industrie lebende Gesellschaft — Industrie heißt ja in erster Linie Metallverarbeitung — in den städtisch kontrollierten Gebieten des Vorderen Orients.

Man hat sich immer schon Gedanken gemacht, warum Kain, der doch mit dem Namen der Keniter zu tun hat, nicht bei den Kenitern, die im Sinai, in Südpalästina zuhause sind, Zuflucht gesucht hat. Diese Frage erledigt sich, wenn man im Land Nod eine Gesamtbezeichnung des Vorderen Orients unter besonderer Berücksichtigung der Stadtstaaten und der Industrie wahrnimmt.

Wir alle sind „Kainiter"

Welche Konsequenzen hat diese Erkenntnis für die Interpretation unserer Geschichte? Wir haben in der Erzählung von Kain und Abel mehr zu sehen als nur eine Verteufelung des Kain; im Gegenteil, wir finden eine Beschreibung des Menschen vor, wie er ist, nichts anderes, eine Beschreibung des Menschen, der sich von der nomadischen Existenzweise fortentwickelt hat und in den Städten ansässig ist, sich der Bodenschätze bedient, sich eine neue Kultur aufbaut. Dieser Mensch aber ist gewissermaßen an die Auseinandersetzungen, an die Rivalitäten, an die Interessenkollisionen und die damit notwendig gewordene Gewalt gebunden. Dem Kain, dem Menschen wie du und ich, dem Menschen in der Gesellschaft ist die Gewalt sozusagen mitgegeben. Er lebt mit ihr. Die Erzählung läßt nun aber den Kain nicht notwendig dem Tod oder der Gewalttat durch Gott selbst anheimfallen. Der Autor unternimmt den Versuch, die Existenz und das Schicksal der realen Menschen zu beschreiben. Wir Menschen sind sozusagen hervorgegangen und Überlebende aus dem Prozeß der Gewalten, die im Interessen- und Rivalitätsspiel der Gesellschaft nun einmal vorhanden sind. Dieser Kain hat den Akkerboden verlassen und ist zum Städtegründer geworden, ja er mußte den Ackerboden verlassen und seine bäuerliche Kultur aufgeben. Diese Entwicklung steht also im Vordergrund des Interesses des Autors, und er macht sie im Grunde dafür verantwortlich, daß es Gewalttat weiterhin gibt. Man kann darüber nachdenken, ob sich dahinter eine romantische Verklärung des Nomadentums oder auch der einfachen bäuerlichen Kultur verbirgt. Ich glaube aber, das wäre eine zu weitgehende Interpretation; vielmehr will der Autor m. E. lediglich sagen, daß die Menschen, sobald sie sich auf die Ausbeutung der Natur, der Bodenschätze und auf die Entfaltung der materiellen Kultur einlassen, sich zugleich auch der Gewalt öffnen, daß beides irgendwie miteinander zu tun hat. Gewalt spaltet die Welt.

Wir können die Erzählung weiterbedenken, werden aber sicher nicht zu einem Abschluß kommen. Diese Erzählung ist auch nur ein Versuch, mit dem Phänomen der Gewalt zurechtzukommen. Sie kommt zu dem Ergebnis, daß wir uns damit abmühen müssen, solange wir leben, daß aber Gott selber nicht „Ja" sagt zu den gewaltsamen Prozessen und dem Teufelskreis der Gewalt, denn er selber tötet Kain nicht. Er nötigt uns aber, daß wir mit der Gewalt unter uns zurechtkommen, daß wir selbst eine Antwort finden.

2. Gen 6–9: Die Flutkatastrophe

Der nächste Text, der uns interessieren muß, ist der Bericht über die Flutkatastrophe. Ich möchte auch hier nicht im einzelnen dem Werdegang des Textes nachspüren, dennoch ist es notwendig, wenigstens auf die Stellen hinzuweisen, die rätselhaft sind. Zu den Grundkenntnissen um die Geschichte von der Sintflut in den Kapiteln 6–9 des Genesisbuches gehört es, daß wir einen vorexilischen und einen exilisch-nachexilischen Bestand annehmen dürfen. Es gibt demnach zwei Versionen, eine wahrscheinlich ältere, die jahwistisch-nachjahwistisches Vorstellungsgut aus vorexilischer Zeit erfaßt, und eine andere aus den Händen priesterschriftlicher (exilischer) und priesterlicher (nachexilischer) Autoren. Beide Versionen sind ineinander geschachtelt, nicht wie in Gen 1–2, wo wir die priesterschriftliche säuberlich von der jahwistisch-nachjahwistischen Darstellung des Schöpfungsgeschehens getrennt vorfinden. In der Flutgeschichte sind beide ineinander verflochten und verschmolzen zu einem mehr oder weniger kunstvollen Gebilde.

Gott „reute es"

Die Aussagen der älteren Fassung machen uns anscheinend unmittelbar mit der Vorstellung vertraut, wie Gott selbst zur Gewalt steht. Gen 4 hatte noch eine Distanzierung Gottes von der Gewalt zum Ausdruck gebracht. Gott selbst übt keine Gewalt als Antwort auf menschliche Gewalt. Das sieht nun in Gen 6–9 anders aus. In der jahwistisch-nachjahwistischen Fassung heißt es über den Beginn der Sintflutgeschichte:

Als Jahwe sah, daß die Bosheit der Menschen groß war auf Erden und daß alles Dichten und Trachten ihres Herzens immerfort böse war, da reute es Jahwe, daß er die Menschen auf Erden gemacht hatte, und es bekümmerte ihn tief. Und Jahwe sprach: Ich will die Menschen, die ich geschaffen habe, vom Erdboden tilgen, vom Menschen bis zum Vieh, bis zum Gewürm und bis zu den Vögeln des Himmels, denn es reut mich, daß ich sie gemacht habe. (Gen 6, 5–7)

Beeindruckend diese deutliche, drastische Sprache, die sicher der Erklärung bedarf. Der vorexilische Autor berichtet zunächst, daß die Menschen sich dem Bösen hingegeben haben, ausgedrückt durch das hebräische Verbum für „Böses tun". Diese Bosheit oder das Böse ereignet sich in der Gesellschaft, wobei der Autor das Böse so massiv präsent sieht, daß er es sogar in die Absichten, in das Fühlen und Denken des Menschen hineingegeben erkennt, wobei keine Unterscheidung zwischen Denken und Tun getroffen wird, wie uns dies so geläufig ist. Wenn der Autor eigens auf das Denken und Trachten hinweist, will er selbstverständlich diese tiefe Verbindung zwischen Absichten und Nachsinnen einerseits und Realisieren andererseits zum Ausdruck bringen.

Nebenbei bemerkt ist mit dem Begriff „begehren" in dem Gebot „Du sollst nicht begehren!" nicht ein geistiges Planen oder Überlegen gemeint, sondern es geht um Machenschaften, um sich in den Besitz einer fremden Sache zu setzen. In diesem Sinne konkurriert dieses Gebot mit dem siebten Gebot: In der Sache ist dasselbe gemeint. Daraus hat man den Schluß gezogen, daß sich das siebte Gebot von Haus aus auf Menschendiebstahl beziehe: „Du sollst keinen Menschen stehlen!", weil es in unmittelbarer Nähe zu den Geboten steht: „Du sollst nicht töten!" und „Du sollst nicht ehebrechen!" — beides Gebote, die mit dem Menschen zu tun haben. Diese Theorie ist noch nicht überholt, man kann sie weiterhin vertreten.

Der Autor spürt hier ein umfassendes, den ganzen Menschen, sein Tun und Denken betreffendes Orientiertsein an der bösen Tat auf. Im Text folgt nun eine merkwürdige Reaktion, ausgedrückt in der Rede von der „Reue Gottes". Erst in jüngerer Zeit ist das Problem der „Reue Gottes" theologisch angegangen worden.

An die Aussage von der „Reue Gottes" darüber, daß er die Menschen auf Erden gemacht habe, sind vielfältige Spekulationen geknüpft worden. Der Text verwendet das Verbum „machen", ein semantisch offenes Verbum, das auch in den Schöpfungstexten vorkommt. Auch die Ägypter haben von der Schöpfung des Menschen im Sinne eines „Machens" sprechen können. Bedeutet die Rede von der Reue Jahwes, daß der Autor sich seinen Gott so vorstellt, daß er wirklich seine Tat rückgängig machen wollte, ja daß er sein eigenes Tun als revisionsbedürftig hinstellt? Hat der Literat solch einen Gottesbegriff, solch eine Gottesidee, daß er es für möglich hält, Gott könne sich selbst widersprechen und sein eigenes Tun negativ bewerten? Solche Spekulationen sind zumindest möglich; ob sie angebracht sind, ist eine andere Frage. Natürlich gibt es Exegeten, die sehr schnell zu harmonisieren versuchen in der Meinung, Gott habe nichts zu revidieren, Gottes Tun sei immer korrekt. Es beziehe sich ausschließlich auf den Mißbrauch der Freiheit des Menschen und daß es Gott reue, daß die Menschen, eigentlich zum Gutes-Tun geschaffen, sich aber in solch negativer Weise darstellen und sich der Gewalt öffnen. Diese exegetischen Bemühungen wollen den guten Gott herausstellen, ihn rehabilitieren und in Schutz nehmen. Natürlich kann man das machen. Ob das Bildwort damit getroffen ist, steht auf einem anderen Blatt.

Wir müssen uns zunächst auf die anthropomorphe Rede einlassen. Sie drückt ein menschliches Empfinden aus, die Reue nämlich, aus welchen Motiven auch immer. Diese bildsprachliche Eigenheit sollte man gewichten und nicht sofort irgendwelche systematische Erwägungen in einem ontologischen oder metaphysischen Sinn anknüpfen über die Möglichkeit, daß Gott eine Revision seines Tuns anstrebe. Wir haben auch hier ein Bildwort vor uns, wie wir viele in unserer religiösen Sprache vorfinden. Wenn wir z. B. von Gott als dem Vater sprechen, dann identifizieren wir ihn ja auch nicht mit den erlebten und existierenden Vätern, schon gar nicht mit den Patriarchen, obwohl die Gefahr nahe lag und und zuweilen diese Ineinssetzung auch geschehen ist, weil man den Bildinhalt nicht entsprechend ausschöpfte.

Was ist aber nun mit dieser Reue gemeint, welche Wirklichkeit Gottes soll ausgedrückt werden? Eine ganz wichtige Perspektive, die auch über die Zeiten hinweg bis in die neutestamentlich-christliche Reflexion hinein eine Rolle spielt, scheint mir darin zu liegen, daß Gott daran leidet, daß Böses geschieht. Dabei braucht er im Grunde nichts von seinem Tun zurückzunehmen, die Reue ist nur Ausdruck dessen, daß Gott leidet an dieser Schöpfung, daß er daran leidet, daß die Menschen so sind. Man sollte solche Aussagen nicht extensiv hinterfragen und zu einer revisionistischen Selbstschau erheben, vielmehr wird darin ganz einfach die Empfindung und das Bekenntnis ausgedrückt, daß Gott auch leidensfähig ist. Das scheint mir ein ganz wichtiger Ansatz zu sein. Er wird auch durch eine parallele Ausdrucksform im gleichen Vers bestätigt:

Es reute Jahwe, daß er die Menschen auf Erden gemacht hatte, und es bekümmerte ihn tief.

Dabei ist nicht so sehr der Schöpfungsprozeß selber anvisiert, sondern die grundlegende und elementare Möglichkeit Gottes zu leiden. Zugleich wird angezeigt, daß ihn das Böse beschäftigt. Dieses Empfinden Gottes ist dem Autor wichtig genug, daß er es doppelt zur Sprache bringt, und zwar durch die Worte von der Reue und von der Bekümmerung.

Daraus erheben sich Fragen, die die Deutung der „Reue Gottes" nur noch schwieriger machen. Hat es dieser Gott nötig, könnte man jetzt fragen, zu dem zu greifen, was er im folgenden ankündigt?

Ein „Großreinemachen"

Und Jahwe sprach, ich will die Menschen, die ich geschaffen habe, vom Erdboden tilgen, vom Menschen bis zum Vieh, bis zum Gewürm und bis zu den Vögeln des Himmels, denn es reut mich, daß ich sie gemacht habe.

Noch einmal der Hinweis auf die Reue am Schluß des Verses. Muß dieses Leiden Gottes an der Schöpfung bedeuten, daß er sie zwangsläufig tilgen muß? Der Autor meint wohl schon, Gott leide derart, daß er reinen Tisch machen will. Aber auch hier müssen wir bedenken, daß die Ankündigung Gottes in der Bildsprache gehalten ist. Trotzdem ist unser Gottesbild herausgefordert, wenn wir von der Ansage einer solchen Gewalttat hören. Ist Gott in seiner unbegrenzten Güte so zu begreifen, daß er solch drastische Worte überhaupt in den Mund nimmt? Können wir einen biblischen Text mit einer solchen Diktion noch lesen oder verstehen? Ist dieses Gottesbild nicht längst überholt? Diese Fragen werden uns immer begleiten; wir kommen aber eher damit zurecht, wenn wir den Bildcharakter ernst nehmen, der zwei Aspekte aufzeigt: Der eine besagt, daß Jahwe mit den Menschen leidet, der andere, daß er all das, was im umfassenden Sinn böse ist, von dieser Welt wegwischen will. Ich sage bewußt „wegwischen", weil das hebräische Wort für „tilgen" wörtlich „abwischen" heißt, so wie man Staub abwischt. Interessant ist diese Wortwahl auch im Blick auf den Erdboden: der Mensch, der Staub ist vom Erdboden, soll — im Bild ausgedrückt — gewissermaßen weggewischt werden. Wir überfrachten mit dieser Charakteristik das Bild nicht und legen nicht unnötige Brutalität hinein. Es geht nur darum, daß das, was böse ist, annulliert werden soll, es geht nicht darum, den einzelnen Menschen einer perversen Tortur oder einer willkürlichen Quälerei auszusetzen. Das steht so nicht im Text. Ich möchte nicht künstlich differenzieren, wir müssen nur streng im Bild bleiben, wenn wir diesen Text verstehen wollen. Im Blickfeld des Autors geht es darum, daß Gott mit den Menschen mitleidet, aber zugleich dem Bösen den Garaus machen will, es tilgen, wegwischen will von dieser Erde. Wie es zusammengeht, daß dabei Mensch und Tier, alles Geschaffene davon betroffen ist, gehört zu den Aporien dieses Textes. Es gelingt dem Autor auch nicht — das muß man offen zugeben —, hier deutlich zwischen dem Mitleiden Gottes und seinen Konsequenzen und dem Versuch, reinen Tisch zu machen, so zu scheiden oder beides miteinander zu versöhnen, daß *das* Böse ausgerottet wird, dabei aber *der* Böse am Leben bleiben kann.

Unsere Geschichte stellt einen weiteren Versuch zur Klärung dar, was schon die Kain-und-Abel-Geschichte ausdrücken wollte, wie wir mit der Gewalttat zurechtkommen. Im Bild soll einerseits das Böse weggewischt werden, auf der anderen Seite aber soll der Mensch doch spüren, daß Gott Anteil an seinem Geschick hat. Nicht umsonst wird dann in der unmittelbaren Konsequenz von Noach gesprochen, der ein anderes Menschenbild personifiziert und verkörpert. Er ist nicht durchtränkt von Gewalttat und bösen Absichten. Es trifft also nicht zu, daß dieses „General-Reinemachen" von vornherein jeden Menschen ergreift. Noach ist ja die Ausnahme. Daran sehen wir, daß dieses Bildwort nicht in einem technokratischen oder fundamentalistischen Sinn verstanden werden darf, daß jeder Mensch und jedes Leben von Gott bis ins Letzte zerstört werden solle. Ich glaube, das wäre zuviel hineininterpretiert. Nein, es soll ein neuer Anfang gesetzt werden, ein „Großreinemachen" im symbolischen Sinn. Es kann nicht um eine konkrete, greifbare, konkretistisch beschreibbare Katastrophe gehen, nicht um die Vernichtung einzelner Menschenleben. Das kann nicht in Gottes Interesse liegen, diese Meinung dürfen wir dem Autor nicht unterstellen. Dem Bösen soll vielmehr die Wurzel genommen werden.

Wir sollten zu dieser älteren Version nun die Fassung der Priesterschrift hinzunehmen. Ich will sie kurz skizzieren.

Die Priesterschrift redet auch von der umfassenden Gewalt unter den Menschen. Auch sie erkennt, daß Gewalttat unter Menschen so umfassend ist, daß sie von selbst eine Reaktion nach sich zieht. Im Grunde hat die Welt ihr Schicksal selbst heraufbeschworen. Da bedarf es des Eingriffs Gottes gar nicht mehr. Im Grunde bestätigt und interpretiert die Priesterschrift damit die ältere Version. Die Menschen, die sich der Gewalttat, dem Bösen hingeben, setzen ihre eigene Existenz aufs Spiel, und nicht nur ihre eigene, sondern sie beziehen die ganze Schöpfung mit ein, auch die Tiere, die Pflanzen, die Natur insgesamt. Durch die Gewalttat wird, im Bilde gesprochen, alles hinweggeschwemmt. Die Ereignisse, die anschließend in der Flutkatastrophe geschildert werden, sind nur noch der bildliche Ausdruck, die bildliche Entfaltung dessen, was ohnehin passiert, denn die Gewalt reißt den Menschen so mit, daß er keine menschenwürdige Existenz mehr hat.

Über den Gott und das Gottesbild, die die Priesterschrift damit beschreibt, als einen Gott, der gewissermaßen auf den Knopf drückt, damit der Mechanismus des Tun-Ergehen-Zusammenhangs seinen Lauf nimmt, daß auf jedes Tun eine Reaktion folgt, über diesen Gottesbegriff ist noch sehr ausführlich nachzudenken.

Vergeltung — ein Grundgesetz?

Wir treten damit gewissermaßen in die Mitte der Texte ein, die so problematisch zu sein scheinen, daß sie immer wieder die Frage aufwerfen: Kann man als Christ mit Texten leben, die ein solches Gottesbild präsentieren, wie es in der priesterschriftlichen Flutgeschichte aufscheint? Ist es tatsächlich so, daß sich die Gewalttat ausschließlich selber rächt? Welche Rolle fällt dabei dem Gott Israels zu? Die Textfassung vermittelt den Eindruck, daß in der Tat eine Art Automatismus vorliegt: die Gewalttat hat ihre Konsequenzen in sich, und das, was Jahwe redet und tut, ist nur eine Art Bestätigung dessen, was von selber abläuft. Ist also Gott derjenige, der auf den Knopf drückt, oder ist er, wie die Priesterschrift es verstehen will, jemand, der das Grundgesetz, das Gesetz des Tun-Ergehen-Zusammenhangs, unterstützt und als oberster Garant für dessen Verwirklichung steht?

Das „Gesetz" lautet, daß jede Tat, jedes Tun seine Schicksalssphäre hat. Nach diesem Gesetz der frühen Weisheit glaubte man, die Weltgeschichte so beurteilen zu können, daß der Gute belohnt und der Böse bestraft wird, die gute Tat immanent auf eine Belobigung, ein Wohlergehen zusteuert, während die böse Tat die Vernichtung nach sich zieht. Wir wissen nur zu gut, daß dieses Gesetz keine Allgemeingültigkeit haben kann, es wird ja immer wieder durchbrochen; und trotzdem, so scheint es, wird es auch immer wieder bestätigt. Diese Bestätigung will der biblische Autor offenbar dadurch stützen, daß er Jahwe zum Garanten dieses Zusammenhangs macht. Jahwe ist also nicht derjenige, der „auf den Knopf" drückt, damit sich automatisch die Reaktion einstellt, sondern er ist der souveräne Begleiter, worin sich eine Überzeugung ausspricht, daß es sich lohnt, gut zu sein, und daß es sich nicht lohnt, schlecht zu sein. Die Ausnahmen von dieser Regel, die dem Menschen oft schwer zu schaffen machen, werden an dieser Stelle nicht diskutiert. Das Alte Testament hält sich allerdings auch für diese Fragen offen. Ich weise erneut auf das Buch Ijob hin, das besonders das Schicksal derjenigen berührt und anspricht, die keinerlei Schuld erkennen, die keinerlei Automatismus wahrhaben mögen, das der Frage nachgeht, wie soll der unschuldig mit dem Leid Konfrontierte das aushalten und verstehen, was ihm geschieht? Unsere Überlegungen zum Buch Ijob werden naturgemäß am Abschluß unserer Betrachtung über die Gewalt stehen.

Zuvor sollten wir aber doch ernst nehmen, daß man im Alten Testament wie im Alten Orient überhaupt zutiefst davon überzeugt ist, daß das Gute seine Wirkkraft und seine Mächtigkeit über die Tat hinaus hat, daß aber auch die Gewalttat sich selbst rächt und zur eigenen Vernichtung hin potenziert.

Gott „schlägt"

Die Priesterschrift spricht von dem Gott, der schlägt. Dieses „Schlagen" ist bildsprachlicher Ausdruck für die Vorstellung, daß die Gottheit dem Bösen mit einer massiven Abwehr gegenübertritt. So entspricht die Darstellung der Flutgeschichte der Überzeugung, daß der gewalttätige Mensch von Gott geschlagen wird und mit ihm die Schöpfung, die er mit in den Strudel hineingerissen hat. Gott ist ein „Schlagender", eine Prädikation, die geradezu zu einem Epitheton Gottes geworden ist. Der „schlagende" Gott wird uns auch weiterhin in der Priesterschrift begegnen und uns zu schaffen machen. Ich denke vor allem an den *maschchit* (Ex 12,12), der durch die Reihen der Erstgeburt der Ägypter geht und zuschlägt — eine auch für uns fast unzumutbare Vorstellung, daß dieser Gott, um Israel zu retten, die Erstgeburt der Ägypter schlägt.

Es erweist sich als unabdingbar, den bildsprachlichen Horizont dieses „Schlagens" ins richtige Licht zu setzen. Der schlagende Gott, der schlagende König, der schlagende Herrscher gehören zum Bildprogramm altorientalischer Vorstellungen. Der König oder der Gott, der die Keule in der Hand hält und den Gegner beim Schopf faßt, ist eine Bildaussage, die nicht einfach auf den Vernichtungswillen gegenüber dem Menschen und dem Menschlichen hinzielt, als hätten Götter und Könige eine Freude daran, den Menschen, das Individuum zu zerstören. Nein, dieses Darstellungsmuster, das wir vielfach auch im Raum Palästinas belegt finden, insbesondere auf den schon zitierten Skarabäenunterseiten, ist bezeichnend für eine bestimmte weltanschaulichreligiöse Konzeption im alten Palästina. Der Darstellungsmodus des Schlagenden will darauf hindeuten, daß die Gottheit oder der König gegen die Gewalt, gegen das Böse anstehen. Wer einen Skarabäus mit einer so dekorierten Unterseite mit sich trägt, bekennt, daß sein Gott auf der Seite derer steht, die gegen die Gewalt ankämpfen. Sind Menschen oder Tiere als Opfer dieses Zuschlagens abgebildet, so ist damit niemals das einzelne Individuum Mensch oder Tier gemeint, sondern diese Lebewesen stehen stellvertretend für die Gefahr der Gewalt schlechthin, für das Chaos. All diese scheinbar so deskriptiven und konkretistischen Bilder wollen die Überwindung des Chaos dokumentieren. Der Träger eines solchen Amuletts fühlt sich solidarisch mit dem Gott oder mit dem König, und er möchte deren Kraft auf sich ziehen, er möchte ebenfalls Widerstand gegen die Gewalttätigkeit üben können, zumindest möchte er auf fast magische Weise an dem Widerstand partizipieren, zu dem König oder Gottheit kraft der eigenen Mächtigkeit in der Lage sind, deren schöpferische Kraft dazu reicht, das Chaos zu disziplinieren.

In ähnlicher Weise sollten wir auch das Gottesbild der priesterschriftlichen Flutgeschichte verstehen: Der schlagende Gott, dem es darum geht, eine Neuschöpfung zu inszenieren, ein für allemal ein Zeichen gegen die chaotische Zertrümmerung durch die Gewalttat zu setzen.

Rache — ein göttliches Prinzip?

Der Fortgang der priesterschriftlichen Darstellung kann das weiter erläutern. Einem Text innerhalb der priesterschriftlichen Flutgeschichte müssen wir noch unsere besondere Aufmerksamkeit zuwenden: den sogenannten noachitischen Gesetzen im 9. Kapitel des Buches Genesis. Im Gebot Gottes an Noach, der zusammen mit seinen Angehörigen als beispielhaft Glaubender in die Lage versetzt wird, der Gewalt zu widerstehen und dabei zu überleben, heißt es:

Alles, was sich regt und lebendig ist, soll euch zur Nahrung dienen, wie das grüne Gras gebe ich euch das alles. (Gen 9,3)

Im Vers zuvor heißt es, etwas massiver ausgedrückt:

Furcht und Schrecken vor euch liegt auf allen Tieren der Erde und auf allen Vögeln des Himmels, mit allem, was sich auf der Erde regt, und mit allen Fischen des Meeres sind sie in eure Gewalt (Hand) gegeben. (Gen 9,2)

Noch drastischer und befremdlicher sind die Formulierungen in Gen 9,5f:

Euer eigenes Blut will ich einfordern, von allen Tieren will ich es einfordern und von den Menschen, vom einen, vom anderen, will ich die Seele der Menschen einfordern. Wer Menschenblut vergießt, durch Menschen soll sein Blut vergossen werden, denn als Bild Gottes hat er den Menschen gemacht.

Eine merkwürdige Begründung, so will uns scheinen, die vielfach als biblische Legitimation für die Todesstrafe aufgefaßt worden ist: „Wer Menschenblut vergießt, dessen Blut soll eingefordert werden, durch Menschen soll sein Blut vergossen werden" — eine Begründung dann, die den Gedanken vom Bild Gottes einbringt, und gerade das Gegenteil richtig erscheinen läßt: weil der Mensch als Bild Gottes geschaffen ist, darf sich niemand in dieser extremen Weise an ihm vergreifen und über Leben und Tod bestimmen. Hier tut sich ein schwieriges Problem auf, und wir müßten eigentlich in die Auseinandersetzung mit der Schrift einsteigen. Mir scheint es aber zunächst hilfreich zu sein, zu bedenken, was Blut im biblischen Sinne heißt.

Wer Menschenblut vergießt, durch Menschen soll sein Blut vergossen werden.

Blut meint hier nicht nur das, was den Körper durchströmt, das Vitalisierende des Menschen, das Lebensnotwendige in einer äußeren oder veräußerlichten Sicht. Blut ist die Seele. Dem orientalischen und biblischen Menschen bedeutet Blut in einem sehr weitgehenden Sinn der Saft, die Substanz des Lebens, und es kommt darauf an, daß dieses Leben bewahrt bleibt und daß dieses Leben nicht aus- oder eingetauscht werden kann. Insofern stellt der Text diesen Appell an die Hochschätzung des Lebensprinzips noch über die Auseinandersetzungen in der Gesellschaft um gerechten Ausgleich, um Fragen des Rechts, die evtl. auch die Diskussion um die Rechtmäßigkeit der Todesstrafe implizieren.

Wir finden einen ganz ähnlichen Aspekt in dem schon angesprochenen und viel zitierten Wort: „Leben für Leben, Auge für Auge, Zahn für Zahn" (Ex 21, 23 f). Diese vielfach mißverstandenen Sätze wollen ebensowenig einer Rechtsordnung als Handhabe dienen, um in einer konkretistischen Weise den Verlust eines Organs durch den Verlust des gleichen Organs bei anderen auszugleichen. Die auch in diesen Versen vorliegende Bildsprache tritt für das Prinzip eines Ausgleichs unter den Lebendigen ein, damit überhaupt eine geordnete Gesellschaft entsteht und bestehen kann. Wir dürfen nicht den Fehler begehen, von den scheinbar ganz realistischen Anweisungen, die sich vermeintlich leicht in die Tat umsetzen lassen, ein konkretistisches Verständnis abzuleiten.

Auch die noachitischen Gebote sind in Bildsprache gehalten und dürfen keineswegs als Rechtsgrundlage für die Todesstrafe gelten. Ich möchte natürlich nicht in den Text etwas „hineingeheimnissen", was da gar nicht steht. Ich möchte auch nicht ein Ethos hineininterpretieren, das vielleicht modernistisch anmutet. Man soll den Text aber auch nicht überfrachten und von ihm erwarten, daß er die Legitimation dafür gibt, daß Menschen Leben von Menschen einfordern und sich sozusagen an die Stelle Gottes setzen. „Leben für Leben" heißt nicht, daß derjenige, der getötet hat, ebenfalls getötet werden muß. „Auge für Auge, Zahn für Zahn" heißt nicht, daß entsprechende Reaktionen in realistischer Weise vollzogen werden. Es geht vielmehr darum, daß unter den Menschen eine ökonomische Vernunft stattfindet als Grundlage des Überlebenkönnens. Diese ökonomische, auch ökologische Vernunft sollte dazu führen, daß der Respekt vor dem Leben an sich vertieft wird. Das ist das eigentliche und tiefe Ziel der scheinbar realistischen Anweisung. Blut ist hier die Chiffre für Leben, und Blut darf der Mensch nicht vergießen. Er darf sich nicht einmal am Blut der Tiere vergreifen, wie der Kontext sagt. Wenn er das aus eigener Initiative tut, dann stellt er sich an die Stelle des Schöpfers. Blut steht für das Lebensprinzip überhaupt, das die Gesellschaft am Leben erhält, das vitalisierende Element schlechthin. Der Mensch, der sich hier selber zum Rächer macht, stellt sich automatisch in den Gegensatz zu dem, was Gott mit Lebensstiftung meint. Dieser Mensch ist nicht etwa ein zweiter Gott, er kann auch nie dazu werden, er maßt sich aber etwas an, was letzten Endes in der geheimnisvollen Initiative Gottes, des Herrn über Leben und Tod, verborgen ist.

Wir könnten hier noch lange weiter überlegen. Der Text wird seine provozierende Herausforderung behalten. Es könnte aber eine Hilfe sein, wenn wir ihn nicht als Rechtsgrundsatz verstehen, sondern als einen in Bildsprache gehaltenen Appell, daß Menschen Respekt vor dem Leben bewahren und nur so ihr Überleben sichern können.

Ich will damit die Diskussion dieses Textes nicht beenden, sie wird uns noch weiter beschäftigen in anderen Fassungen, aber mit den gleichen Grundproblemen.

Die Priesterschrift hat die Situation des Exils vor Augen. Israel hat hier eine gravierende Spaltung seiner Existenz wahrgenommen, viel stärker, als sie je zuvor empfunden werden mußte. Die Deportation des Volkes war ein Eingriff, ein Schlag Gottes, ein Ausdruck auch des unberechenbaren, gewalttätigen Gottes, der von den Literaten der Zeit bewältigt werden mußte.

Neben den Autoren der Priesterschrift hat insbesondere die exilische Prophetie die Gewalttat der Geschichte reflektiert und für Israel einen Ausweg gesucht.

3. Gen 22 und Ri 11: Das einzige Kind

Wir kommen zu zwei Texten, die zu den am meisten provozierenden Texten des Alten Testaments, zu den „dubia et vexata", d.h. den zweifelerregenden und irritierenden gehören. Es handelt sich um die bekannte Erzählung von Isaaks Opferung (Gen 22) und um die Erzählung vom Gelübde und der Darbringung der Tochter des Jiftach (Ri 11). Diese beiden Texte haben in der Geschichte der Exegese sehr viel Verwirrung hervorgerufen. Auch in Kommentaren, die nicht durchgängig biblische Texte behandeln, finden diese herausfordernden Texte eine besondere Berücksichtigung.

Wir beginnen mit Gen 22. Ich erspare mir hier eine Einführung in die literarische Gestalt und in die formalen Eigentümlichkeiten. Diese Erkenntnisse liegen den hier gebotenen Einsichten zugrunde.

Gen 22 erzählt von Abraham, der den göttlichen Auftrag erhält, seinen Sohn zu opfern. Die Erzählung endet damit, daß sich geradezu in letzter Minute ein Widder einfindet und sich anstelle des Kindes als Opfertier anbietet. An dieser Erzählung ist natürlich immer wieder beobachtet und kritisiert worden, daß Gott zu einer Handlung herausfordert, die im allerhöchsten Maße als inhuman gelten muß. Der Rückschluß ist nicht von der Hand zu weisen, daß Gott selber verantwortlich ist für solch einen inhumanen Auftrag. Es fällt also ein negatives Licht auf diesen Gott, der zu einer so ungeheuerlichen Tat aufruft. Wie kann man — so die schlichte Frage, wie sie über die Jahrhunderte hinweg immer wieder gestellt wurde — einem Gott vertrauensvoll gegenübertreten, der in dieser radikalen Weise mit den humanen Empfindungen der Menschen umgeht, ja sie geradezu über den Haufen wirft?

Bei der Interpretation der Erzählung müssen wir uns vor jeder Schönfärberei hüten. So schnell allerdings besteht dazu auch kein Anlaß, denn die Erzählung bringt in einer aufwendigen Vorfelddarstellung des Weges hin bis zum letzten Augenblick, wo das Menschenopfer durch das Tieropfer ersetzt wird, so viele charakteristische Elemente, die uns die ganze Belastung, die diesem Geschehen innewohnt, vor Augen führen.

Kinderopfer in alter Zeit

Ich muß zunächst zur religionsgeschichtlichen Situation Stellung nehmen. Welche Rolle spielt das Menschenopfer im Alten Orient? Wir dürfen davon ausgehen, daß Menschenopfer zwar ungewöhnlich waren, aber dennoch praktiziert wurden, und zwar schon in der kanaanäischen Um- und Vorwelt Israels. Ich erinnere an kanaanäische Sühneriten etwa, wie sie auf Abbildungen zu finden sind, auf denen man eine eroberte oder vor der Eroberung stehende Stadt dadurch vor dem letzten Zugriff zu retten suchte, daß man ein Kind über die Mauer dem Angreifer entgegenhielt, um damit einerseits der totalen Unterwerfung Genüge zu tun und andererseits darum zu bitten, verschont zu bleiben. Eine ähnliche Intention finden wir bei den phönizischen und punischen Kinderopfern in römischer Zeit wieder. Das Kinderopfer soll in ganz extremer Weise noch weitergehende Gefahren für die Bevölkerung abwenden. Die Bewohner einer Stadt versuchen auf diese Weise, die Götter zu besänftigen, indem sie ihnen das Wertvollste geben, was sie haben — für uns völlig ungewöhnliche und schockierende Vorgänge. Bei Grabungen in Nordafrika wurden viele Altäre, die der punischen Religion und Kultur zugehörig sind, gefunden. Ein solcher Altar wird *Tofet* genannt, und auf ihm wurden die Kinderopfer dargebracht. Eine etwas umschreibende Wiedergabe finden wir auch in der deuteronomischen Theologie im Alten Testament mit der Formulierung, daß in Ausübung der kanaanäischen Religion „Kinder durch das Feuer geschickt wurden". „Ein Kind durch das Feuer schicken" ist eine phraseologische Umschreibung eines solchen Kinderopfers, wie es die Punier (also noch in römischer Zeit) gepflegt haben. Wahrscheinlich gab es auch im Hinnomtal bei Jerusalem einen solchen Tofet, eine Stätte des Kinderopfers.

Der Name Tofet kann sich vielleicht aus einer Zusammensetzung des Namens des griechischen Feuergottes Hephaistos mit dem Namen des Gottes Ptah, dem Gott der Ägypter, herleiten lassen. Die Religionsgeschichte zeigt, daß Ptah mit Hephaistos ein und dieselbe Figur geworden ist, der man Opfer dargebracht hat. Möglicherweise heißt Tofet die Stätte des Feuergottes, der Ort, wo man dem Feuergott Opfer bringt.

Die Intention des Kinderopfers ist es also, in extremer Bedrohung einer Gesellschaft, eines Staates oder einer Stadt das Wertvollste, beginnendes, werdendes Leben exemplarisch darzubringen, um noch größere Gefahren der Zerstörung und der Vernichtung abzuwenden. Diesen Hintergrund dürfen wir auch für beide anstehenden Erzählungen in Gen 22 und in Ri 11 annehmen. Wie stark die Anspielungen auf diese religionsgeschichtlichen Phänomene sind, ist im einzelnen zu klären und fällt sicher unterschiedlich aus. Vorgreifend können wir aber sagen, daß die Erzählungen nicht generell gegen das Menschen- oder Kinderopfer polemisieren.

Betrachten wir Gen 22. Hier wird nun gerade ein solches Kinderopfer verlangt. Isaak, der Sohn Abrahams, soll das Opfer sein. Der Auftrag, den Abraham erhält, wird unverzüglich in die Tat umgesetzt, bzw. es werden augenblicklich Vorbereitungen getroffen, um dieses Opfer durchzuführen. Es ist im Text nicht zu erkennen, daß Abraham ein Wort des Widerstands äußert. Insofern findet sich hier eine gewisse semantische Parallele zu Gen 12,1-4, wo Abraham auf den Auftrag hin: „Geh aus deinem Land!" seine Heimat, seine Verwandtschaft zu verlassen hat, um in ein Land zu ziehen, das Jahwe ihm zeigen wird. In Gen 12,4 heißt es: „Und Abraham ging", ohne irgendeine Andeutung, daß Abraham Widerstand leistet, sich so abrupt von seiner Verwandtschaft, von seiner Heimat trennen zu müssen. Diese radikale Zäsur im Leben Abrahams findet nun eine weitere Zuspitzung dadurch, daß er sich auch von seinem Sohn trennen soll.

„Abraham machte sich frühmorgens auf", berichtet Gen 22, 3 — eine phraseologische Umschreibung für die unmittelbare und widerstandslose Reaktion. Die Erzählung versucht dann, die Details des Weges, die Begleitung, die Zeugen, die Diener, die „Jungknechte", wie sie im Text heißen, zur Sprache zu bringen. All das dient dazu, den Weg bis hin zur letzten Herausforderung und die damit gegebene Belastung möglichst intensiv auszuloten. Die Elemente dramaturgischer Art in dieser Erzählung wollen den komplizierten und für den Erzähler problematischen Zusammenhang möglichst bewußt machen.

Abrahams eigener Opfergang

Worum geht es nun in dieser Geschichte? Nicht „nur" um ein Menschenopfer und nicht „nur" um ein Kinderopfer. Von Abraham wird im Grunde viel mehr verlangt als das, was in der kanaanäischen Religion und in der punischen Praxis zur Rettung der Gesellschaft üblich war. Es wird noch Radikaleres gefordert. Abraham soll seinen einzigen Sohn, sein einziges Kind, wie es ausdrücklich heißt, opfern. Mit dieser deutlichen Akzentuierung wird wohl ausgedrückt, daß Abraham noch zu mehr an „Widermenschlichkeit" und „Inhumanität" herausgefordert ist als seine kanaanäische Umgebung, denn er soll das einzige, was ihm Zukunft gibt, aus der Welt schaffen. Ich glaube, wir sind mit dieser Einsicht schon ein gutes Stück weitergekommen auf dem Wege in die inhaltliche Sphäre der Geschichte.

Wir müssen uns ganz sicher davon lösen, irgendeinen historischen Hintergrund für den Geschehnisablauf zu unterstellen, was früheren Zeiten wohl schwerer gefallen ist. Historischer Ablauf ist nicht Thema und nicht Inhalt dieser Erzählung, es geht um eine paradigmatische, bildhafte Demonstration. Wir wissen über den historischen Abraham so gut wie nichts. Wenn die Bibel über ihn spricht, dann tut sie das in bestimmter, eingekleideter Tendenz. Bildhafte Wendungen dienen dazu, ein bestimmtes Abrahambild zu erzeugen, das vor allem über das Verhältnis dieses Abraham zu seinem Gott Rechenschaft geben soll. Abraham bleibt dabei aber immer ein Prototyp eines Menschen, der in extremen Situationen steht und dessen radikale Glaubenszuversicht gefragt ist. Das ist Thema dieser Erzählung: die radikale Überantwortung eines Menschen an seinen Gott, im Text ausgedrückt durch das Stichwort „Gottesfurcht"; Gottesfurcht in dem Sinne, daß es die totale Unterwerfung unter den ansprechenden und herausfordernden Gott meint. Es fällt uns sehr schwer, diese radikale Inanspruchnahme durch Gott in unser religiöses Bewußtsein zu übertragen. Wir sind allzu schnell geneigt, derartige Forderungen aus unserem christlichen Bewußtsein zu verdrängen und für überholt zu halten. Gerade diese Neigung aber bedürfte, so denke ich, der weitergehenden Reflexion. Dürfen Christen tatsächlich diese Ehrfurcht gewissermaßen schänden und sie in einer fast schon wohlgefälligen Manier dem alttestamentlichen Horizont zuweisen und damit für überholt halten?

Die Abrahamsgeschichte in Gen 22 will die radikale Ehrfurcht des Menschen vor Gott zum Ausdruck bringen, indem sie die Perspektiven der Nachbarkultur und -religion noch um ein gehöriges Stück ausbaut, denn Abraham opfert bzw. soll sein einziges Kind opfern. Der biblische Gott verlangt viel mehr als alle anderen Götter ringsum. Er verlangt dies in einer Form, die wie eine Potenzierung des Schrecklichen aussieht, wie eine Potenzierung des Inhumanen. Der Gott Abrahams verlangt von Abraham praktisch die Negierung seiner eigenen Zukunft. Nicht nur, daß er das Vergangene hinter sich lassen soll wie in Gen 12,1, sondern auch das Zukünftige, denn in seinem Kind versinnbildet sich seine Zukunft. Man sollte deutlich herausstellen, daß es nicht primär um den Akt der vorgesehenen Schlachtung geht, sondern letzten Endes darum, daß Abraham seine Zukunft und damit sich selber, sein eigenes Leben zum Opfer zu bringen hat. Er ist also das Opfer, denn sein eigenes Kind ist seine Zukunft. Ein Mensch ohne Nachkommen ist nach orientalischer Vorstellung ein Mensch ohne Perspektiven. Ein Mensch, der nicht in die Verwandtschaft eingebunden ist, der nicht in den kommenden Generationen lebt, ist sozusagen ausgesperrt aus der

Gesellschaft, ist kein lebenstüchtiger Mensch und kein Mensch mit Zukunft.

Vor diesem Hintergrund können wir uns vorstellen, daß Abrahams Verzicht auf sein Kind, auf das Kommende und auf Lebenserfüllung ein radikaler Eingriff in die israelitische Gesellschaftsordnung und in israelitisches Selbstbewußtsein bedeutet. Alles drängt im israelitischen Sippenleben darauf hin, daß das Morgen erlebt wird durch Nachkommen, durch Zuversicht, durch Verheißung, durch Zusage usw. Erst wenn wir das bedenken, können wir die am Ende der Erzählung stehende Zusage Gottes richtig einordnen. Gerade weil Abraham sich der ungeheuren Herausforderung Gottes gestellt hat, sich selbst Gott zu überantworten und sich zum Opfer zu bringen bereit ist, wird ihm Zukunft geschenkt. Die Segensformulierung am Schluß, daß die Nachkommen so zahlreich sein werden wie Sand am Meer, soll deutlich machen, daß Abraham nur aufgrund des ungeheuren Entgegenkommens Gottes Zukunft beschert wird. Der Mensch kann dieses Entgegenkommen Gottes nur realisieren, wenn er sich total seinem Gott ausliefert und sich zum Opfer bringt. Eine ganz schwierige Prozedur, die man nicht leicht im Bewußtsein nachvollziehen kann.

Vielleicht kann man diesen schwer verständlichen Prozeß so zusammenfassen: Es geschieht erstens eine Potenzierung dessen, was in anderen Religionen üblich ist. Zweitens wird das Menschen- und Kinderopfer hier zum Opfer des einzigen Kindes und damit zum Opfer des Opferers selber. Abraham legt seine Zukunft auf den Altar und damit sich selber. Drittens wird die Potenzierung aber am Ende dadurch aufgehoben, daß ein Opfertier, ein Widder, zum Opfer wird.

Wir könnten hier natürlich die Erwägungen von René Girard erneut hinzuziehen, der das Tieropfer als Ventil für Gewalttat qualifiziert. Im Hintergrund unserer Geschichte mögen solche Gedanken eine Rolle spielen, der Text aber verrät eigentlich andere Intentionen. Es geht ihm hauptsächlich darum, Ehrfurcht vor Gott so zu verstehen, daß der Mensch sein eigenes Leben und seine Zukunft total Gott überantwortet. In einer verfremdenden Sprache wird dieses Anliegen vor Augen geführt. Die narrative Darstellung bleibt immer schockierend, ganz gewiß, aber sie darf nicht historistisch und konkretistisch ausgelegt werden. Die Bildsprache will andeuten, daß Abraham im Grunde sich selber zum Opfer zu bringen hat.

Ich denke, wenn wir so in der Bilddimension die Erzählung lesen, geraten wir nicht in die Gefahr der Schönfärberei. Diese enorme Herausforderung des Menschen, sein eigenes Leben Gott zu überantworten, sagt doch, wenn auch im Bild ausgedrückt, viel aus über das, was Gott nach biblischem Verständnis vom Menschen erwartet. Wie Abraham seine Verwandten verlassen muß, so soll er auch seinen Sohn loslassen. Die Geschichte umschreibt bildhaft, daß dieser Abraham in seinen Glauben hineingefordert ist und damit in eine radikale Ehrfurcht vor Jahwe.

Wir wollen diesen Text zunächst einmal so stehen lassen und den zweiten hinzunehmen, sowohl zum Vergleich als auch zur Abgrenzung, um am Schluß eine zusammenfassende Kommentierung zu versuchen.

Die Tragik eines Gelübdes

Der mit Gen 22 am nächsten verwandte Text ist die Erzählung vom Gelübde des Jiftach im Kap. 11 des Richterbuches. Jiftach, der zu den sogenannten „Kleinen Richtern" gezählt wird, ist ein Emporkömmling, ein Stammesführer aus dem Ostjordanland, der in einer Zeit auftritt, in der Israel Gefahr von den Ammonitern, den Bewohnern Jordaniens (Hauptstadt Amman), droht. Um nun die Ammonitergefahr zu bezwingen, verspricht Jiftach, er wolle, wenn er vom Sieg zurückkommt, das, was ihm als erstes begegnet, seinem Gott opfern. Das erste aber, was ihm nach seiner erfolgreichen Bezwingung der Ammoniter begegnet, ist seine einzige Tochter, die gerade aus seinem Haus herauskommt.

Der Text stellt in sehr subtiler und sensibler Weise dar, was in Jiftach vorgeht und wie auch seine Tochter reagiert. Es ist ganz offenkundig, daß der Erzähler der Tochter und ihrer Reaktion weitaus mehr Kredit und Zuwendung gibt. Sie übt keineswegs

Kritik an der Effizienz des Versprechens. Was versprochen ist, muß gehalten werden, das steht überhaupt nicht zur Diskussion; was vor allem Gott versprochen ist, was gewissermaßen in einem Vertrag festgelegt ist, das soll gehalten werden. Diese feste Überzeugung steht ganz deutlich im Hintergrund dieser Erzählung. Die Tochter steht ganz anders da als Jiftach, sie ist sehr viel energischer und bewußter, auch angesichts des Schicksals, das ihr bevorsteht. Sie bittet lediglich darum, mit ihren Freundinnen ins Gebirge gehen zu können, um dort ihre verlorene Jugend oder ihr allzu kurzes Leben zu betrauern. Diese Bitte wird ihr gewährt. Sie kommt nach einigen Wochen aus dem Gebirge zurück. Die Erzählung breitet nicht aus, was im einzelnen geschieht; nur eine schlichte, ganz knappe Ausführungsnotiz vermerkt das Geschehen, anders als in Gen 22, so daß der Leser den Eindruck haben muß, es ist tatsächlich zur Darbringung des Kindes gekommen. Es hat ein Menschenopfer stattgefunden. Eine deutliche Parallele zu Gen 22 besteht in der ausdrücklichen Erwähnung des einzigen Kindes. Dieses Menschenopfer wird aber nicht in der Ausführung selber vorgestellt, der Erzähler hütet sich, den Vollzug des Geschehens zu dokumentieren. Die Erzählung schließt mit der Notiz, daß regelmäßig die Mädchen dieser Gegend im Gebirge um Schilo zusammenkommen, um ihre zu Ende gehende Jugend zu betrauern.

Die literarische Entstehung dieser komplizierten Erzählung ist nicht mit wenigen Worten nachzuzeichnen. Wahrscheinlich liegt der Erzählung eine Erinnerung an einen Volksbrauch zugrunde, daß junge Mädchen ihre zu Ende gehende Jugendzeit feiern oder betrauern. Die Erzählung hat also eine Begründung im Hintergrund, die zur Annahme einer Ätiologie berechtigt, eine Begründungsgeschichte für diesen Volksbrauch. Darüber ist aber eine andere Tendenz gelagert, Jiftach mit seinem Gelübde, das so fatale Folgen hat, in den Blick zu nehmen. Wie beide Erzählungen zutiefst zusammenhängen, ist heute sehr schwer zu enträtseln. Wir müssen einfach den Zusammenschluß dieser beiden Intentionen, der Ätiologie mit der Gelübdegeschichte zur Kenntnis nehmen.

Es geht uns auch um den Gesamteindruck, den die Erzählung hinterläßt. Da ist ein Mensch, der ein Gelübde ablegt und schließlich mit diesem Gelübde bestraft und mit einer unmenschlichen Folge belastet wird. Der Leser muß den Eindruck gewinnen, daß die eigene Tochter ein gehöriges Maß an menschlicher Stärke aufbringt, während Jiftach als eine tragische Figur gezeichnet wird. Er ist sozusagen mit seinen eigenen Worten, mit seinem eigenen Gelübde, mit seinem Versprechen so in die Pflicht genommen, daß er nicht mehr herauskommt. Wir dürfen nicht ohne weiteres unsere Maßstäbe in die Deutung hineintragen, sonst liegt die Gefahr der Schönfärberei nahe. Versprechen vor Gott, gar eine eidliche Aussage vor Gott hat ihr Gewicht, und dem Orientalen geht sie über alles. Eine Bindung an Jahwe kann sogar eine Abkehr vom Humanen implizieren.

Denken wir an andere, zwar nicht ganz vergleichbare Stellen, wie z. B. die Texte, die von den Leviten handeln, jenen so bedeutenden Kultdienern im Alten Testament, aus denen in jüngerer Zeit die Priester genommen wurden. Die Leviten werden im sogenannten Mosesegen (Dtn 33) als Menschen dargestellt, die „ihrer Kinder nicht achten"; wenn es um Jahwe geht, dann denken sie nicht an ihre eigenen Angehörigen. Auch das Neue Testament bringt die deutliche Distanzierung Jesu von seinen Verwandten zur Sprache — eine sehr befremdliche Vorstellung, daß der, der im Dienste Gottes steht, mit seiner ganzen Person gefordert ist, ohne daß die menschlichen Bindungen dabei weiter gepflegt werden können. Diese merkwürdige und uns sehr irritierende Vorstellung sollte aber ebenfalls bildhaft genommen und nicht im antihumanen Sinn ausgeschlachtet werden. Die Radikalität dessen, der von Gott angesprochen ist, bedeutet seine ganze Konzentration. Wir sind nicht berechtigt, aus dieser bildhaften Beschreibung eine Art akute Unmenschlichkeit herauszulesen oder diese Inhumanität hineinzuinterpretieren. Ich glaube, wir würden auch Jesus falsch verstehen in seiner Distanzierung von den eigenen Verwandten, denn er nennt dafür alle Schwester und Bruder, Vater und Mutter, die sich dem Glauben hingeben. Das ist das Entscheidende, nicht die leibliche Verwandtschaft, für jeden Orientalen allerdings eine ganz besonders radikale Ausdrucksweise für die Beziehung zu Gott, die die Dependenz und die Verwiesenheit auf Gott hin ins richtige Licht stellt.

Jiftachs Opfer ist das Ergebnis einer tragischen Entwicklung, sein Gelübde nötigt ihn in diese fatale Situation hinein. So will es der Erzähler darstellen.

Vielleicht kann man diese Deutung noch mit einem anderen Akzent versehen und sie dadurch verständlicher machen. Jiftach legt sein Gelübde derart ab, daß er einen Handel mit Gott abschließt. „Wenn du, Gott, mir den Sieg über die Ammoniter gibst, dann gebe ich dir das beste, was ich habe." Ich glaube, das ist der springende Punkt in dieser Erzählung. Einen solchen Handel mit Gott kann man nicht abschließen. Es wäre sinnvoll gewesen, den Sieg über die Ammoniter, überhaupt das Verhältnis zu den Ammonitern ganz der Direktive Gottes zu überlassen und nicht ein Versprechen oder einen Eid abzulegen. Es zeigt also, daß Jiftach nicht über die Glaubenshaltung verfügt, die eigentlich zum Inhalt haben müßte, das Überleben in der Zukunft, auch in militärischen Auseinandersetzungen ganz auf die Initiative Gottes zu gründen. Mit diesem Gott kann man nicht „Händel", einen Handel oder einen Vertrag abschließen, der Gott zu etwas verpflichten würde. Es birgt natürlich ein Risiko in sich, so zu denken, d. h. sich ganz auf Gott zu verlassen. Zugleich würde das auch die vielen im Volksbrauch üblichen Praktiken in ein anderes Licht stellen, die vielen „Exvotos" in den Wallfahrtskirchen, die nicht selten den Gedanken wachrufen: Wenn eine bestimmte Angelegenheit für mich gut ausgeht, dann stifte ich zum Dank eine Gabe. Diese Vorstellung, man müsse mit Gott eine Art Geschäft oder einen Handel abschließen, ist sehr verbreitet und geradezu religionstypisch, denn sie ist in allen Religionen greifbar.

Die Erzählung von Jiftach scheint mir gerade diesen Punkt zum Thema zu haben und formuliert radikale Konsequenzen solchen Tuns. Der Mensch ist überfordert, wenn er solche „Händel" mit Gott abschließt, denn der Mensch kann das gar nicht einholen, was Gott ihm schenkt. Überleben läßt sich nicht bezahlen. Überleben läßt sich auch nicht programmieren.

Wir sehen, der Akzent dieser Geschichte liegt letzten Endes auch darauf, wie Glaubenshaltung zu beschreiben ist. Es wäre bei Jiftach das Beispiel Abrahams besser am Platz gewesen, seine Zukunft ganz in die Hand seines Gottes zu legen, was auch immer kommt, und seinen Mund nicht so voll zu nehmen, was ihm seine eigene Tochter vorhält mit den Worten: „Du hast das versprochen!"

Beide Erzählungen differieren natürlich, und die eine ist nicht von der anderen als abhängig zu betrachten. Beide reden aber einer Grundhaltung das Wort, die besagt: Ein Überleben gibt es für den Menschen nur dann, wenn er sich in seiner ganzen Existenz auf Gott bezieht, wenn er das Leben, das ihm geschenkt worden ist und ihm Zukunft gibt, auf seinen Gott zurückwirft bzw. wenigstens bereit ist, es ihm zurückzugeben. Für den orientalischen Menschen bedeutet dieses Ansinnen tiefste Provokation, schon durch das Erstlingsopfer, die Erstlingsgaben symbolisiert. Sie sind ja auch das Schönste und Beste, was der Mensch hat. Wer eine solche Haltung nicht aufbringt, der wird in Extremsituationen geführt und kann darin scheitern. Das Scheitern eines Menschen angesichts dieser notwendigen Überantwortung wird am Beispiel Jiftachs demonstriert, dessen weiteres Schicksal kaum mehr berührt wird und letzten Endes in der Vergessenheit verschwindet. Er ist und bleibt eine tragische Figur. Weiterleben kann am Ende nur die Tochter Jiftachs, denn ihre Lebendigkeit wird im Volksbrauch weiter gefeiert, auch ihr Tod gewiß. Man gedenkt ihrer viel stärkeren Persönlichkeit.

Es scheint mir sehr wichtig, diese Erzählungen auf ihre feinsinnige Abstimmung hin zu meditieren, denn gerade solche radikalen Texte, die uns so befremdend anmuten, bedürfen der Meditation.

4. Gen 32,23–32: Kampf bis zur Morgenröte

Die Besprechung und Befragung schwieriger Textstellen möchte ich nun fortsetzen und Erzählungen heranziehen, die noch radikaler von der Gewalt Gottes sprechen. Wir hatten zuletzt mit Geschehnissen vorwiegend aus den Anfangskapiteln des Buches Genesis zu tun, die jemanden beauftragen, im Namen Gottes Gewalt zu üben. Als Beispiel dafür stehen die Berichte in Gen 22 und in Ri 11, die einen Menschen auf Zuruf und Anleitung Gottes hin Gewalt in einer extremen Weise üben lassen. Das Bemühen, einen Schlüssel zum Verständnis dieser Texte zu gewinnen, ist uns weiterhin aufgegeben, die Basis des Erkannten oder annähernd Begriffenen kann aber doch eine Hilfe bereitstellen, so daß wir uns einer weiteren Variante von „Gewalt-Texten" zuwenden, die vor allem im Pentateuch zur Sprache kommt.

Am Anfang soll die berühmte (und berüchtigte) Erzählung vom Gotteskampf des Jakob stehen, der von einem unbekannten Menschen, einem Mann, der ihm entgegentritt, zum Kampf herausgefordert wird. Die Grundlage der Erzählung vom Gotteskampf, der älteste Bestand, hat nach Peter Weimar folgenden Wortlaut:

Und er (Jakob) übernachtete dort, und er stand in jener Nacht auf und zog hinüber über die Furt des Jabbok. Und es rang ein Mann mit ihm, bis daß die Morgenröte aufstieg. Und als er sah, daß er ihn nicht überwand, da rührte er an seine Hüfte. Und er sprach: Laß mich los, denn die Morgenröte ist aufgestiegen. Und er sprach: Nicht lasse ich dich, es sei denn, du segnest mich. Und er segnete ihn dort, und die Sonne strahlte ihm, als er hinüberzog an Penuel. (Gen 32, 23–32)

Unsere primäre Absicht ist es nicht, exegetische Details zu behandeln. Es geht uns um die Interpretation und um das Verständnis des Phänomens, daß Jakob einem Wesen begegnet, das ihn töten bzw. ihn überwinden will, Gewalt an ihm übt. Es kann kein Zweifel sein, daß auch auf der frühen Stufe des Textes nicht irgendein Mensch gemeint ist, sondern daß es hier um einen Kampf auf Leben und Tod mit Gott selbst geht, der in der Figur eines unbekannten Menschen Jakob gegenübertritt. So hat es auch die Überlieferungsgeschichte verstanden, die bei diesem schwierigen Text Zug um Zug eine weiterführende Interpretation versucht, die aber in der grundsätzlichen Perspektive von der Primärsicht der Konfrontation nicht abweicht.

Welche Perspektive ist mit dieser irritierenden Geschichte verbunden, wo von Gott gesagt wird, daß er sich selbst am Menschen, ja sogar an seinem erwählten Menschen Jakob vergreift? Gott kämpft mit einem Freund!

Der nahe und der ferne Gott

Wir müssen uns von vornherein von der Vorstellung freimachen, daß der alttestamentliche Mensch seinem Gott nur die Qualität des zuvorkommend guten und freundlichen Gottes zugeschrieben hätte. Er kennt auch den fremdartigen Gott, der in seinen Möglichkeiten, sich dem Menschen mitzuteilen, rätselhafte, schockierende Seiten hat, wie wir in verschiedenen, bisher besprochenen Episoden schon gesehen haben. Vielleicht fällt es uns von daher etwas leichter, jetzt in diese radikale Formulierung und Denkweise vom Gotteskampf hineinzusteigen. Schon auf der frühen Ebene des Textes scheint der Verfasser einem Verständnis wehren zu wollen, daß der biblische Jahwe nur der Gott sei, der in einem fürsorglichen und behutsamen Sinn mitgeht. Das alttestamentliche Gottesbild, das Jahwebild, wird in der modernen Theologie allzu gern auf diesen Zug hin festgeschrieben, daß Jahwe ausschließlich der mitgehende und beistehende, der dabeiseiende Gott wäre.

Dabei beinhaltet schon der Name „Jahwe", daß Gott auch ein unverfügbares Sein, eine Souveränität zu eigen ist, neben allen Prädikationen über die Beistandswilligkeit und Fürsorgequalität Jahwes, ausgedrückt mit dem hebräischen Ausdruck „sein für" oder „sein mit". Das Wort „Sein" meint im Hebräischen auch das rätselhafte, alles übergreifende Sein Gottes. Beides läßt sich nicht voneinander trennen. Wenn der biblische Mensch vom fürsorglichen Gott spricht, dann dehnt er diese Qualität Gottes natürlich auch auf das aus, was er nicht versteht. Ja, er enthält sich eines Urteils über die Initiative Gottes, die ganz anders anmutet als das, was sich der Mensch von einem begleitenden Gott verspricht.

In der Geschichte vom Gotteskampf kommt also zunächst die Fremdartigkeit der göttlichen Initiative zum Ausdruck, die in der Nachtzeit den Menschen trifft — auch das eine metaphorische Aussage. Die mehrfach in diesem Text geltend gemachte Morgenröte soll eine Wende anzeigen. Die Morgenröte ist nach orientalischem und biblischem Sprachgebrauch eine Metapher für den Durchbruch am Ende einer Durststrecke oder Notzeit.

Dieser Gott in der Gestalt eines Mannes versucht, Jakob zu überwinden, aber es gelingt ihm nicht. Jakob, aus der Perspektive Israels gesprochen, ist der Angriffslust Gottes ausgesetzt, aber er, der zugleich der Erwählte ist, wird nicht zum Tod verurteilt. Es gibt eine Rivalität zwischen Gott und Mensch, und nach der Einsicht des Verfassers kann die Rivalität nur so aufgelöst werden, daß einerseits Jahwe auf den Menschen zugeht und andererseits Jakob erkennt und anerkennt, daß dieses Gegenüber ihn auf Leben und Tod bedrohen, treffen und schlagen kann.

Der schlagende und der heilende Gott

Als er sah, daß er ihn nicht überwand, so rührte er an seine Hüfte. (Gen 32,26a)

Eine rätselhafte Ausdrucksweise, angezeigt durch ein Verbum, das sowohl „berühren" als auch „schlagen" bedeutet. Es ist schwer, hier genau zu sagen, welche Dimension, welche Intensität gemeint ist. Das Schlagen wird, wie wir schon gesehen haben, mehrfach Gott zugeschrieben; er schlägt den Menschen als der „schlagende Gott". Sehr wahrscheinlich muß man auch hier einen metaphorischen Vorstellungshintergrund annehmen, denn dieses Schlagen ist symbolisch gemeint und drückt die souveräne Tätigkeit Gottes aus, die sich vollzieht, indem er den Menschen sozusagen auf Leben und Tod, auch auf seine Zukunft hin, angreift. Daß die Zukunft betroffen ist, könnte man aus der Auslegung des Wortes für „Hüfte" ersehen, denn mit Hüfte kann eine Umschreibung für die Schamgegend angezeigt sein. Jakob wird ein Angriff auf seine Fortpflanzungsfähigkeit, auf sein Lebenkönnen und auf seine Zukunft zugemutet.

Es wird uns sicher schwerfallen, die Intensität dieser metaphorischen Umschreibung vollkommen auszuloten, aber soviel dürfen wir sagen, daß Jahwe die Zukunft des Menschen Jakob, seines Erwählten, bedroht, um dadurch anzuzeigen, daß er wirklich Herr über Leben und Tod ist, daß er Leben geben und Leben nehmen kann. Insofern liegt bereits diese frühe Textfassung auf der gleichen Ebene wie das Wort des Ijob: „Jahwe hat gegeben, Jahwe hat genommen, der Name Jahwes sei gepriesen." (Ijob 1,21b), nämlich zuzugestehen und anzuerkennen, daß Jahwe nach seinem Planen mit dem Leben umgehen kann. Darin ist vielleicht die gesamte Herausforderung eingefangen, daß selbst das Leben des Erwählten auf dem Spiel steht. Die Antwort Jakobs wird erkennbar in der Bitte um den Segen, als Bestätigung dafür, daß er die Erwählung seines Gottes wahrnimmt und durchschaut.

Ein rätselhafter Segen

Segen ist ja wie eine Bestätigung für die Erwählung. Segen bedeutet auch Leben schenken, Zukunft geben, eine Garantieerklärung für das Überleben. Segen ist nicht nur ein Gestus. Auch der Segen in unserem Verständnis sollte weitaus mehr sein als nur eine Abschiedszeremonie. Segnen ist ein lebensvermittelnder Vorgang, eine Handreichung im wortwörtlichen Sinn, die den Menschen bei der Hand nimmt, um ihm vitale Kraft zu übereignen. Die dynamische Wirklichkeit der von Gott geschenkten und mit dem Menschen geteilten Lebenskraft ist mit Segen gemeint. Die Bitte um diese Übertragung der Kraft Gottes ist die Antwort des Menschen auf die Erfahrung des lebensbedrohenden Gottes. Wir haben große Mühe, das im einzelnen zu verstehen, ich denke aber, wir haben damit einen Schlüssel in der Hand, der Herausforderung des über Leben und Tod befindenden Gottes zu begegnen.

Am Ende unserer Geschichte steht die Garantieerklärung Gottes, daß er diesen Menschen hält, auch über die Bedrohung hinweg in den Tag hinein, in die Morgenröte hinein, daß er ihn in das Licht hineinführt, wobei in keinem Moment ausgeschlossen bleibt, daß dieser Gott seine Souveränität auch anders unter Beweis stellen könnte. Der Erzähler und der Hörer, die über diesen Sachverhalt nachdenken, sind sich dessen voll bewußt, daß Gott auch dann ein Fremder bleibt, wenn er sich als Garantieerklärer für künftiges Leben ausweist. Man hat ihn nicht im Griff, wenn man von ihm Fürsorglichkeit behauptet. Der Beistand bedeutet nicht, daß dieser Gott seine Nähe experimentell unter Beweis zu stellen hätte. Es bleibt ein Rest an Unverfügbarkeit, und das ist ein gewaltiger Rest!

Der Bearbeiter dieser Erzählung fügt dann eine Änderung des Namens Jakobs hinzu:

Jener fragte: Wie heißt Du? Jakob, antwortete er. Da sprach der Mann: nicht mehr Jakob wird man dich nennen, sondern Israel (Gottesstreiter); denn mit Gott und Menschen hast du gestritten und hast gewonnen. (Gen 32, 28–29)

Jakob heißt nunmehr Israel. Daraus erhellt nicht zuletzt, daß diese Geschichte für Israel eine konstitutive Bedeutung hat. An Jakob wird demonstriert, was für ganz Israel gilt. Israel ringt mit seinem Gott über die Zeiten hin. Dabei erkennt Israel nicht nur den fürsorglichen Gott, sondern kennt und erkennt auch seine abgrundtiefe Rätselhaftigkeit. Es weiß aber auch, daß es bei aller Unberechenbarkeit nicht aus dem Interesse Gottes an seinem Volk herausfällt. Es ist sich dessen bewußt, daß Gott Leben schenkt, auch wenn man nicht weiß, wohin dieses Geschenk den Menschen führt und wann dieses Leben wieder genommen wird. Es gibt keine Besitzansprüche gegenüber Jahwe.

Und die Sonne strahlte ihm, als er hinüberzog an Penuel. (Gen 32, 32a)

Am Anfang der Gotteskampferzählung war vom Fluß Jabbok die Rede. Wahrscheinlich ist Jabbok eine Anspielung auf den Namen des Jakob, und Penuel am Ende ist eine Anspielung auf Jahwe selbst. In Penuel stecken möglicherweise die Worte für „Angesicht" und *El* als Gottesbezeichnung. Jakob / Israel ist nach dem Ausgang der Geschichte in das Licht Gottes hineingestellt. Wir müssen aber im Auge behalten, daß Gott dieses Licht auch wieder in Finsternis verwandeln kann. Seiner Majestät, seiner Souveränität muß man diese Möglichkeit einräumen.

5. Ex 4, 24–26: Attacke auf das Leben

Auch in der anstehenden Szene geht es um eine Konfrontation auf Leben und Tod. Jahwe erscheint als tötungswilliger Gott, eine enorme Zumutung für jedes gläubige Bewußtsein.

Der Text Ex 4, 24–26 handelt von der Beschneidung des Sohnes der Zippora, der Frau des Mose. Der Text beginnt wiederum mit einer rätselhaften Aussage:

Unterwegs auf dem Rastplatz kam Jahwe dem Mose entgegen und wollte ihn töten. Zippora ergriff einen Feuerstein und schnitt ihrem Sohn die Vorhaut ab. Damit berührte sie die Füße des Mose und sagte: Ein Blutbräutigam bist du mir. Da ließ Jahwe von ihm ab. (Ex 4, 24–26)

In diesem Textstück begegnen uns ebenso unverständliche und scheinbar undurchschaubare Wendungen. Einige Vorbemerkungen im Sinne eines ersten Herantastens:

Kampf auf Leben und Tod

Das Geschehen um die Beschneidung des Kindes ist eingeordnet in die Reihe der Berufungsansprüche an Mose und hat seinen Platz im Vorfeld der Verhandlungen des Mose mit dem Pharao. In der Intention des Verfassers muß es wohl gelegen haben, hier ein Grundereignis der Berufung des Mose zu sehen, das seine Position und Funktion, seine Botschaft und sein Nachwirken konstituiert. Jahwe tritt Mose unterwegs auf einem Rastplatz entgegen und will ihn töten. Das Wort für „töten" an dieser Stelle hat nicht die Bedeutung, die es etwa im Dekalog hat: „Du sollst (du wirst) nicht töten", im Hebräischen ausgedrückt mit dem Wort für „heimtückisch morden". In unserer Stelle Ex 4,24 wird das Wort „sterben" kausativ gebraucht, d. h. „sterben lassen". Korrekt übersetzt müßte es also heißen: „Jahwe kam dem Mose entgegen und wollte ihn sterben lassen." Eine ähnliche Situation stellten wir in der Gotteskampfszene fest, die ja nicht einen bloßen Ringkampf sportlicher Art repräsentiert, sondern einen Kampf auf Leben und Tod. In der Fortsetzung unserer Geschichte ergreift nun die Frau des Mose, Zippora, einen Feuerstein und schneidet ihrem Sohn die Vorhaut ab. Eine sehr befremdliche Reaktion auf eine solche Herausforderung und Bedrohung! Man hat sich natürlich Gedanken dazu gemacht, auch im Blick auf die nächste Aktion: „Damit berührte sie die Füße des Mose", womit wohl wiederum eine Umschreibung der Schamgegend gemeint ist, und sie sagt: „Ein Blutbräutigam bist du mir."

Die Frage drängt sich hier auf, wie es mit der Gewalttätigkeit Gottes bestellt ist und wie der Mensch damit leben kann. Die stark mythologisch gefärbte Formulierung kann man vielleicht in ähnlicher Weise verstehen, wie sie René Girard vorgeschlagen hat: nach dem Muster der Verdrängung oder Ableitung einer gewalttätigen Rivalität, einer Gewaltsituation. Diese Szene könnte geradezu als Beispiel dafür stehen, daß der Kampf zwischen Gott und Mensch, diese urtümliche Rivalität, gewissermaßen in einem quasi-sakralen Akt zur Entladung kommt. Die Beschneidung wird so als ein kultischer Akt gesehen, der an dem Sohn des Mose vollzogen wird, damit letzten Endes aber an Mose selber, denn sein Sohn ist seine Zukunft. Beispielhaft wird am Nachkommen vollzogen, was dem Mose zugute kommen und ihn überleben lassen soll.

Blut als Lebenssaft

Mir scheint es allerdings geboten, eine mehr exegetisch begründete Lösung zu suchen und mit dem Vorstellungsgut um das Blut des Menschen umzugehen. Blut ist — wie wir bereits sahen — Symbol für Lebendigkeit, für Leben schlechthin, für weiterströmendes Leben, für das Leben, das von Gott kommt und zu ihm zurückführt, das Leben, das allein Zukunft und Bestand gibt. Darum geht es wohl primär beim kultischen Akt der Beschneidung als solcher, die als ein Akt der göttlichen Inanspruchnahme, der Überantwortung des Menschen an Gott zu verstehen ist.

Schon außerhalb Israels ist dieses Ritual z. B. in der Religionsgeschichte Ägyptens nachweisbar als die Inanspruchnahme des Menschen für die Gottheit. So wird auch innerhalb Israels im Vollzug der Beschneidung eine erste frühe Beziehung, eine Verhältnisbestimmung zwischen Gott und Mensch vorgenommen, hier im Text auf Mose bezogen, der auf eindringliche Weise an seinen Gott gebunden werden soll. Das Schauen des Blutes ist ein sichtbares Zeichen dafür, daß der Lebensstrom, der von Gott kommt, wieder auf ihn zurückgelenkt wird. Mose soll angesichts des Lebensstromes, der von Gott ausgeht, symbolisiert durch das Blut, das von ihm bzw. von seinem Nachkommen stammt, in den Lebensstrom Gottes hineingestellt werden und dadurch überleben. Die Berührung mit dem Blut wird erstaunlicherweise mit dem gleichen hebräischen Wort für „schlagen", „berühren" wie in der Gotteskampfszene am Jabbok ausgedrückt, wobei es hier nicht primär um ein Schlagen Gottes geht. So wird daraus ein kultischer Akt vor der Majestät Gottes, der die Kraft hat, über Leben und Tod zu befinden. Man kann den unberechenbaren Gott in seiner Rätselhaftigkeit, in seinem Herr-Sein über Leben und Tod nur gegenüberstehen und stehen bleiben, ihn nur dann aushalten, wenn man sich diesem Gott ganz überstellt, sich ihm völlig überantwortet.

Insofern ist dieser Text mit all seinen schockierenden Aussagen am richtigen Platz innerhalb der Berufungserzählungen, weil er zum Fundament dessen gehört, wozu Mose berufen ist, denn ohne die völlige Überantwortung an seinen Gott könnte er dem Pharao nicht gegenübertreten. Er ist gleichsam selber mit diesem Lebensstrom, der von Gott kommt, ausgestattet und kann in stellvertretender Funktion tätig werden, wie wenn Gott selber dem Pharao gegenüberträte.

Der kultische Akt der Beschneidung, der im Alten Testament weiter verfolgt und beschrieben wird, läßt den Mose über sein geschöpfliches Dasein hinauswachsen und in die Nähe seines Gottes rücken. Natürlich gilt nach wie vor, daß diese Erhebung des Mose, die Erfüllung mit der göttlichen Kraft, symbolisiert durch die Berührung mit Blut, ihn auf gar keinen Fall zu Gott selber macht. Die Souveränität des lebenspendenden Gottes bleibt unzweideutig erhalten.

„Blutbräutigam"

Die äußerst schwierige Wendung „Blutbräutigam" bedarf noch weiterer Erwägungen. Manche Ausleger sehen darin den Versuch der Zippora, Mose als Beschnittenen zum Volk der Erwählten zählen zu können und ihn so unangreifbar werden zu lassen. Vielleicht sollte man aber hier einen Vergleich zum Versöhnungsritual ziehen dürfen. Nach Lev 16 wird im Ritual des *Yom Kippur*, des Versöhnungstages, der Altar mit Blut bestrichen. Auf diese Weise wird der Altar herausgehoben und in die unmittelbare Verfügungsgewalt des lebenspendenden Gottes gesetzt. Er verliert seinen profanen Charakter und wird zum Tisch, dem Gott seine Aufmerksamkeit zuwendet, von dem er das Opfer entgegennimmt. Im Bestreichen des Altars und seiner vier Ecken mit dem Blut geschieht eine Überantwortung an Gott, ein Vorgang, der in der christlich-liturgischen Altarweihe in der Salbung der Altarecken wenigstens entfernt erhalten geblieben ist, nämlich eine Überantwortung an Gott und seinen Besitz.

So wird Mose durch die Berührung mit dem Blut, dem Lebenssaft, der von Gott kommt, Gott überstellt, überantwortet und gewinnt damit die Chance zu überleben. Jahwe kann ihn nicht mehr in den Tod schicken. So eine vorläufige Deutung, wenngleich wir auch hier die letzten Geheimnisse des Textes nicht erschließen können.

II. Gott tötet selbst

1. Ex 12,12f: Schlagen der Erstgeburt

In diesem Zusammenhang bietet sich ein weiterer Text an, der gelegentlich mit der soeben behandelten Beschneidungsszene Ex 4,24–26 in Verbindung gebracht wird, der diesmal vom „schlagenden Gott" selbst handelt. Es geht um die unmittelbare Vorbereitung des Exodus. In Ex 12,12f heißt es in einer Ankündigung an Mose und Israel, nachdem zuvor das Pesachritual vorgetragen wurde:

In dieser Nacht gehe ich, Jahwe, durch Ägypten und erschlage in Ägypten jeden Erstgeborenen bei Mensch und Vieh. Über alle Götter Ägyptens halte ich Gericht, ich, Jahwe. Das Blut an den Häusern, in denen ihr wohnt, soll ein Zeichen zu eurem Schutz sein. Wenn ich das Blut sehe, werde ich an euch vorübergehen, und das vernichtende Unheil wird euch nicht treffen, wenn ich in Ägypten dreinschlage. (Ex 12,12–13)

Wir müssen zugeben, dieser Wortlaut löst größte Irritationen aus und läßt sich sehr schwer vermitteln. Ich denke aber, wir haben aufgrund des bisher Gesagten doch ein wenig mehr Rüstzeug in der Hand, um uns auch an diese schwierige Textstelle zu wagen.

Es muß zunächst festgehalten werden, daß sich die Formulierung vom „Schlagen" in eine Reihe mit auch außerhalb Israels bezeugten Redewendungen vom „schlagenden Gott" stellen läßt. Die Ägypter konnten vom schlagenden Pharao ebenso sprechen wie vom schlagenden Gott. In Israel hat man im Grunde diese Vorstellungen übernommen, allerdings in ein neues Licht gestellt. Nicht umsonst wird die Rede vom „schlagenden Gott" direkt an die wahrscheinlich auf priesterschriftliche Diktion zurückgehende Darstellung vom Pesachfest gesetzt. Nach der Beschreibung des Pesachrituals, das uns den Charakter des Festes vorführt, folgt diese „Radikalkur", die Jahwe über Ägypten verhängt.

„Pesach" — Fest des schlagenden Gottes

Ich möchte nicht ausschließen, daß das Wort „Pesach" (oder „Pascha" im Neuen Testament) etwas mit dem schlagenden Gott zu tun hat. Die etymologischen Bemühungen um das Wort „Pesach" haben schon lange derartige Erkenntnisse bereitgestellt. Der französische Dominikaner Bernard Couroyer, Professor an der École Biblique in Jerusalem, hat vor Jahrzehnten die Meinung geäußert, das Wort lasse sich von einem ägyptischen Nomen *sech* = „Schlag" ableiten, sei also nicht israelitischen, sondern ägyptischen Ursprungs, was sich vor allem im Hinblick darauf, daß diese Ereignisse auf Ägypten bezogen bzw. in Ägypten geschehen sein sollen, nahelegt. Dem Wort „Schlag" sei der ägyptische Artikel *pa* vorangesetzt worden, so daß es dann als *pa sech* zu lesen sei. Aus diesem *pa sech* sei dann das hebräische *Pesach*, das Pascha des Neuen Testaments geworden. Diese Deutung halte ich nur teilweise für richtig. Mein Vorschlag geht dahin, daß es sich nicht um ein Nomen handelt, sondern um ein Partizip: *pa sech* = „der Schlagende". Nach meiner Meinung läßt sich diese Deutung besser mit dem phonetischen Bestand zusammenbringen und entspricht wohl auch eher der Intention dessen, der hier über das Pesachfest Bericht erstattet.

Pa sech wäre also ein Fremdwort für ein Fest des „schlagenden Gottes", so wie es die Ägypter gefeiert haben ganz ohne Bezug auf Israel, aber im Blick auf die gegnerischen Fremdvölker. So kennen wir aus dem Festritual des Tempels von Edfu in Oberägypten das Fest der Niederwerfung der Feinde. Gott wird als derjenige verstanden, der die Feinde Ägyptens niederzuhalten versteht.

Israel hat sich offenbar die ägyptische Benennung eines Festes zu eigen gemacht, bei dem man der Überwindung des lebensbedrohenden Feindes gedenkt. Für den biblischen Menschen aber sind es natürlich nicht die Götter Ägyptens, die über die universale Vollmacht gegenüber dem Chaos verfügen, sondern einzig und allein der Gott Israels, Jahwe. Er ist dieser schlagende Gott, der bei den Fremden, bei den Fremdvölkern schlagen, aber auch in den eigenen Reihen zuschlagen kann. Für uns ist es natürlich sehr bedrückend, daß ausgerechnet das Pesachfest, der Vorläufer des Osterfestes, wenn man so will, unter dieser scheinbar negativen semantischen Deutung steht. Ich glaube aber, daß der Wortgebrauch von „Schlagen" im Hebräischen eine Brücke sein kann. „Schlagen" bedeutet nicht nur „zuschlagen" und „vernichten", sondern auch, wie wir gesehen haben, „berühren" und „anrühren". Eine erstaunliche Semantik ist in diesem Wort enthalten: die ganze Palette des Umgangs Gottes mit dem Menschen, in dem er ihm sozusagen handgreiflich nahe ist. Jahwe ist der Gott, der majestätisch zum Schlag gegen das Böse ausholt, der aber auch heilend anrührt. Mit diesen Erwägungen ist natürlich noch nicht alles gesagt, um das Geschehen verstehen zu können.

Der „Schläger"

Eine zusätzliche Perspektive muß noch eingetragen werden. Gott geht nach dem Wortlaut des Textes nicht selber durch die Reihen und vernichtet die Erstgeburt, sondern es wird von dem *Maschchit* gesprochen, möglicherweise ein lautlich entsprechendes Wort zu dem ägyptischen *pa sech* bzw. *pesach* im Hebräischen. Das hebräische Wort, das der Bezeichnung *Maschchit* zugrundeliegt, heißt ebenfalls „schlagen", aber im radikalen Sinn des Vernichtens. *Maschchit* ist der Verderber, der Racheengel, wie er in manchen Übersetzungen genannt wird, wie wenn aus Jahwe eine besondere Gestalt herausträte, die den Vollzug der Vernichtung vornimmt. Dabei versucht man anscheinend, Jahwe selber von der Tötungsaktion freizustellen und vom unmittelbaren Vollzug lebensfeindlicher Gewalt fernzuhalten. Dieser Vorgang wird uns noch beschäftigen, wenn wir uns mit dem „Satan" im Buch Ijob befassen, der ja auch im Auftrag Gottes handelt.

Die Autoren wagen mit dieser Diktion einen zaghaften Versuch, für den Vollzug dieser Schreckenstat den Gott Israels nicht selbst verantwortlich zu machen. Aber natürlich ahnt der Hörer, daß letzten Endes doch Jahwe die Verantwortung trägt.

Was alle drei vorangehenden Texte und deren Interpretationen miteinander verbindet, ist die Rede vom „schlagenden Gott", während die beiden letzten durch die zentrale Rolle, die dem Blut zukommt, zusammengeführt werden. „Das Blut an den Häusern, in denen ihr wohnt, soll ein Zeichen zum Schutz sein." (Ex 12,13) Das Blut ist Symbol für die lebenspendende Kraft und die Vermittlung des Lebensstroms. Jahwe soll sich angesichts des Blutes daran erinnern, daß er der Vermittler des „Lebenssaftes" der Schöpfung ist, und er soll sich aus diesem Grund eines Zugriffs auf Israel enthalten.

Trotz dieser Schonungsaktion bleibt aber der Eindruck, daß Jahwe die anderen nicht schont und daß die Erstgeborenen von Mensch und Vieh geschlagen werden. Um die Bedeutungsdimension dieses Schlagens und Vernichtens zu ergründen, müssen wir wiederum mythologische Vorstufen heranziehen, denn die Vernichtung der Erstgeburt ist nicht im Sinne einer physischen Tötung zu verstehen, die das Humanum in schlimmster Weise zerstören würde. Vielmehr soll die Gefährdung, die von Ägypten ausgeht, in ihrer Substanz endgültig zerstört werden, sie soll für alle Zukunft keine Kraft mehr besitzen, nie mehr in der Lage sein, Israel zu bedrohen.

Das „Schlagen" als Bild

Die Rede vom schlagenden Gott ist verdächtig; sie entspricht nicht dem Gottesbild, das Gott seinem Namen nach als zutiefst menschenfreundlich vorstellt. Wir müssen aber zur Kenntnis nehmen, daß es diesen schlagenden Gott gibt, sowohl im Alten als auch im Neuen Testament. Es ist daher ein großer Irrtum, zu sagen, die Rede vom schlagenden Gott sei im christlichen Bekenntnis ad absurdum geführt, wir hätten es nach christlichem Bekenntnis nicht mehr mit einem Gott zu tun, der ein richtender Gott ist. Auch wir Christen kommen nicht darum herum, gerade diese uns so irritierend erscheinende Doppelgesichtigkeit — fast könnte man sagen: Janusköpfigkeit — in unser Bewußtsein zu integrieren. Wir dürfen es aber nicht bei einer vordergründigen Sicht belassen, denn diese Doppelgesichtigkeit ist nicht im landläufigen Sinn zu verstehen.

Wir haben schon mehrfach darauf hingewiesen, daß die Überlebensfähigkeit des Menschen nur darauf gründet, daß er sich festmacht an dem Gesicht Gottes, das ihm zugewandt ist, das ihn aufrichtet. Der aufrichtende Gott läßt den richtenden Gott aushalten. Das ist meiner Meinung nach die entscheidende Maxime. Wir dürfen allerdings den aufrichtenden Gott auch nicht nach den Konturen beschreiben, wie wir sie gerne hätten, um damit auszusparen oder geradezu auszusperren, was uns an diesem Gott querkommt. Nicht, daß Gott immerzu zu beweisen hätte: „Ich kann auch anders". Es steht uns nicht an, die Souveränität Gottes zu charakterisieren nach dem Muster menschlicher Vorstellungen von Souveränität, aber auch nicht nach dem ärmlichen Muster menschlicher Vorstellungen von Güte und Menschenfreundlichkeit. Jedes Bild, das wir uns machen, ist vorläufiger Natur, ist eine Karikatur.

So kommt es nicht von ungefähr, daß das Bilderverbot im Alten Testament im Laufe der Zeit einen ganz tiefen Grund gewinnt. Es war nicht von vornherein mit den Dimensionen ausgestattet, die das frühe Judentum und das Judentum im Laufe seiner Entwicklung eingetragen haben. Sich ein Bild von Gott machen bedeutet natürlich, ihn nach dem Muster zu schneiden und zu gestalten, wie Menschen sich eben Bilder machen. Um dieser Gefahr zu entgehen, zielt das Bilderverbot darauf ab, Gott seine absolute Souveränität und Transzendenz gegenüber allem Bildhaften oder Abbildartigen zuzugestehen.

Der schlagende Gott ist die eine Seite der Medaille. Die andere Seite, der heilende, der aufrichtende, der fürsorgliche Gott, läßt sich in biblischer Perspektive nicht ohne das Bild des schlagenden Gottes verstehen. Der biblische Mensch ist sich dabei sehr wohl bewußt, daß es sich bei diesen Aussagen um Bildaussagen handelt, gemäß der langen Tradition, die Bilder von schlagenden Gottheiten aufzuweisen haben. Eine schlagende Gottheit ist im Sinne der mythologischen Überwindung des Bösen und des Chaotischen zu verstehen. Darum bedeutet die Rede vom schlagenden Gott auch im Alten Testament eine grundsätzliche Auseinandersetzung mit dem, was das Leben bedroht.

Dieser Aspekt sollte uns auch bei den kommenden Texten begleiten und es uns ermöglichen, nicht inhumane, terroristische Überlegungen oder Aktionen zu unterstellen, wenn wir vom schlagenden Gott hören, selbst bei realistisch geschilderten militärischen Auseinandersetzungen, sondern im Grunde einen Ausdruck der Souveränität Gottes über das Chaos und über die lebensbedrohenden Mächte wahrzunehmen.

Die durchaus problematische und problematisch bleibende Rede vom Schlagen der Erstgeburt der Ägypter, die wir so verstehen wollen, daß die göttliche Souveränität eine lebensbedrohende Wirklichkeit für Israel beiseite schafft, setzt sich auch in anderen Schriftstellen fort und wirft immer wieder neu die Frage auf: Was ist das für ein Gott, der die anderen untergehen, die Erwählten aber bestehen läßt? Eine vielfach und immer wieder zu Gehör gebrachte Frage, die wohl jeder von uns mit sich herumträgt angesichts unserer gewachsenen Sensibilität. Warum muß Gott, um Israel zu erwählen, sich der anderen erwehren? Warum muß er zu solch radikalen und brutalen Mitteln greifen und die Ägypter ins Meer werfen?

Mit diesen Fragen sind wir bei einem weiteren einschlägigen Text angelangt, mit dem wir versuchen wollen, eine weitere Hilfe zum Verstehen des gewalttätigen Gottes zu gewinnen.

2. Ex 14f: Die Vernichtung der Feinde

In den Kapiteln 14 und 15 des Buches Exodus erfahren wir vom sogenannten Meerwunder, vom Wunder der Errettung am „Schilfmeer", das Israel von der Verfolgung durch die Ägypter befreit. Dieses Geschehen wird auf mehreren literarischen Ebe nen abgehandelt und stellt einen Beispieltext dar, an dem man die Probleme eines literarischen Werdegangs, die Überlagerungen einer Überlieferung gut studieren kann.

Geschichtliche Aspekte

Grundsätzlich müssen wir zunächst bedenken, daß über die historische Qualität des Exodus aus diesen biblischen Quellen so gut wie nichts zu erheben ist. Wir können kein Ereignis unmittelbar in die Historie hineinverlagern. Ein solcher Text gibt bestenfalls her, was der Autor zu seiner Zeit an Erfahrungen in seine Schilderung eingebracht hat und was er zum Ausdruck bringen wollte. Die Erzählungen, die uns vorliegen, sind in einem Zeitraum frühestens von 800 v. Chr. bis etwa 400 v. Chr. entstanden, in einem Bereich von ca. 400 Jahren also. Von einer historischen Auseinandersetzung zwischen Menschen, die in Ägypten lebten und das Land verlassen haben oder verlassen mußten, und der ersten literarischen Fixierung besteht überdies eine Zeitspanne von ca. 300–400 Jahren. In dieser Zeit haben sich natürlich viele Veränderungen in der Frühgeschichte Israels ergeben. Die ersten literarischen Versuche, über den Exodus Bericht zu erstatten, sind ganz eindeutig nicht historiographischer Natur, sie beschreiben vielmehr zeitgenössische Erfahrungen der beginnenden bzw. schon zur Blüte gelangten Königszeit Israels / Judas, wo man genötigt war, sich mit dem aktuellen Königtum und dessen Machtanspruch auseinanderzusetzen. In den frühen Erzählungen vom Exodus geht es nicht um Situationen, die in erster Linie Ägypten kennzeichnen und nachbeschreiben wollen. Der wahre Pharao, von dem hier die Rede ist, ist letztlich Salomo, der König Israels. Er ist die eigentlich kritisierte Person, nicht der historische ägyptische Pharao, der gar nicht mit Namen genannt wird.

Die Erzähler, die in der Rückschau auf die Regierungszeit Salomos ihr Werk beginnen, wollen deutlich machen, daß das Königtum in Juda / Israel sich in einer Weise darstellt, die den Erwartungen des frühen sippengebundenen Israel nicht entspricht, daß es einem Negativbild gleichkommt, was man von dem „Pharao" des eigenen Volkes, nämlich dem König Israels erfahren muß. Der israelitische König sollte nicht so sein wie der ägyptische Pharao, der andere knechtet. Man kritisiert Salomo, der zum Bau des Tempels Jahwes und seines eigenen Palastes Israeliten und Kanaanäer zu Fronarbeiten nötigt und sie durch Zwang zu disziplinieren versucht. Damit stellt sich Salomo in den Augen der Literaten auf eine Ebene mit Despoten, wie man sie aus dem Alten Orient zu kennen glaubte, allen voran mit dem ägyptischen Pharao. Die Verfasser sind also eindeutig von einer königskritischen Tendenz und nicht von historiographischem Interesse geleitet.

Diese Tatsache müssen wir unbedingt im Auge behalten, besonders dann, wenn wir uns der sogenannten jahwistischen Darstellung des Meerwunders zuwenden, in der in einer scheinbar natürlichen Erklärung erzählt wird, Jahwe habe die Israeliten dadurch vor dem Zugriff der Ägypter gerettet, daß er einen starken Ostwind habe wehen lassen, der das Meer zurückgezogen hätte, um es dann über die ägyptischen Streitmächte hereinbrechen zu lassen und sie darin zu begraben. Diese schon ernüchternde Feststellung, daß es sich nicht um eine scheinbar natürliche Erklärung des Jahwisten handelt, muß zu denken geben. Ich glaube nicht, daß wir mit dieser Erklärung zurechtkommen.

Kampf im Bild

In Wahrheit ist es so, daß auch in der dem natürlichen Geschehen abgelauschten Vorstellung von Ebbe und Flut eine mythologische Konstellation greifbar wird, derart, daß das Wasser oder das Meer als Inbegriff des Chaotischen und des Bedrohlichen angenommen und verstanden wird. Die Ägypter, die dem Meer überantwortet sind, werden nach dem Verständnis des Autors, der in Bildsprache spricht, nicht in eine terroristische Vernichtung hineingetrieben; vielmehr soll ihr gefährliches Potential gewissermaßen vom Chaos in Gestalt der bedrohlichen Wasser aufgesogen werden. Damit geben wir uns keiner Verbrämung oder Übertünchung des Geschehens hin, sondern wir erkennen ein Hineinversetzen des narrativen Stils in die mythologische Bildsprache, mit der wir in dieser Textstelle ernsthaft rechnen müssen.

Ein solcher Zugang fällt uns schwer, weil wir narrative Darstellungen gern in den Bereich der chronistischen Berichte übertragen. Wir verstehen eine biblische Erzählung allzuschnell im Sinne eines historischen Nacheinanders und bedenken nicht, daß solche Erzählungen bildsprachlichen Charakter haben. Es steckt gerade in diesem „Bericht" ein gehöriges Potential an metaphorischer, mythologischer Sprache. Der Kontrast äußert sich in der Opposition von Leben und Überleben auf der einen Seite und im Untergehen des gegnerischen Potentials auf der anderen Seite. Das Wasser steht für eine bedrohliche Dimension. Israel wird von der Bedrohung freigehalten. Nach der älteren, der jahwistischen Fassung kann Israel mit Gottes Hilfe allein diese Gefahr überwinden, während die Ägypter mit Gottes „Nachhilfe" der zerstörenden Kraft des Chaos überlassen bleiben. Ich hoffe, wir können in dem Gedankengang wenigstens soweit mitgehen — auch wenn uns natürlich die Irritation weiterhin begleitet —, daß wir nicht zu schnell einen formal und praktisch inhumanen Akt Gottes hineininterpretieren; denn es bleibt unbestritten und unbenommen, daß wir Gott verstehen müssen als denjenigen, der das Chaos und die Zerstörung zugunsten des Lebens überwindet. Das ist das bleibende und entscheidende Grundbekenntnis, und unter dem Sog dieses Bekenntnisses müssen wir auch die Geschichte sehen. Es geht bei dem Schicksal der Ägypter nicht um die Zerstörung von Einzelexistenzen, nicht um einen grandiosen inhumanen Akt gegen Individuen, sondern um einen Schlag gegen das Chaos, gegen das lebensfeindliche Chaos. Ich glaube, wir können gar nicht genug daran tun, diese Einsicht in unserem Bewußtsein zu reflektieren. Die Ägypter, die im Text gar nicht mit Einzelnamen genannt oder als Einzelpersonen vorgestellt werden, stehen als Repräsentanten der chaotischen Lebensgefahr für Israel da. Das ist für den Erzähler die wichtigste Intention.

Verfluchung der Feinde

Dieser Grundaspekt ist auch leitend für weitere Stellen im Alten Testament, die einer so unverständlichen Aktion Gottes das Wort reden. Denken wir an bestimmte Worte in den Psalmen, die über die Verfluchung der Feinde und der Gegner berichten — ein immer wieder störender Faktor für alle diejenigen, die sich dem Psalmengebet hingeben und am liebsten ausklammern und weghören möchten, wenn in einer derart drastischen Sprache von der Behandlung der Feinde die Rede ist. Aber auch da gilt, daß nicht inhumane Akte gegen Individuen gemeint sind, sondern daß die Gegner wie Figuren auf einer Bühne auftreten, wie Schauspieler in einem Welttheater, die das Böse charakterisieren. Hier scheint ein menschliches Grundbedürfnis zum Tragen zu kommen, eine Instanz zu suchen, die wirklich über alles Zerstörerische und Lebensbedrohende erhaben bleibt. Der biblische Gott will vom biblischen Autor auch so verstanden werden, daß er trotz und gerade angesichts der Bedrohungen seine majestätische Position behält. Es geht auch da nicht — um es zum wiederholten Male zu sagen — um eine inhumane Qualifikation Gottes.

Kosmisch-mythische Aspekte

Wir müssen den Gedanken noch etwas weiterverfolgen. Die große bisher bedachte Tradition, die vorexilische Darstellung des Exodus, die scheinbar natürlich anmutet, ist in ihrem Bestand deutlich von mythologischer Sprache geprägt. Noch stärker ist das der Fall bei der exilisch-nachexilischen Version des Meerwunders, die wir vor allem der Priesterschrift verdanken. Da kommt auf einmal die grandiose Idee ins Spiel, daß die Israeliten nicht durch einen Ostwind, sondern durch einen majestätischen Akt Gottes mitten durch das Wasser hindurchziehen können, wobei auf beiden Seiten die Wasser wie Mauern dastehen. Die jüngste Darstellung ist also die mirakelhafteste und phantastischste von allen. Da kann Israel trockenen Fußes, wie es ausdrücklich heißt, durch die Wasser gehen.

Diese jüngste Schicht verdient auch in literarischer und in mythologischer Hinsicht unsere Aufmerksamkeit, denn das Spalten und Trennen, hier von den Wassermassen ausgesagt, ist in der Priesterschrift mit dem Schöpfungsakt Gottes verbunden. Ich erinnere daran, daß das Trennen und Spalten schon im ersten Schöpfungstext eine Rolle spielt. Gott scheidet zwischen Licht und Finsternis, Gott schafft eine Scheidewand, eine Trennwand zwischen den chaotischen Urgewässern und dem Land, wo man leben kann. Hierbei haben wir also eine Perspektive vor uns, die letzten Endes auf Neuschöpfung hin ausgerichtet ist und nur aus mythologischem Hintergrund verständlich wird. Gerade diese so beliebte, häufig reflektierte, auch in der Kunstgeschichte berücksichtigte Vorstellung vom Durchzug durch das Schilfmeer zwischen den Wassermauern basiert auf der mythischen Grundidee, auf der mythischen Konstellation von dem majestätischen Gott auf der einen Seite und dem lebensbedrohenden Urwasser auf der anderen. Nur der lebensfördernde und lebenstiftende Gott verfügt über die Kraft, das Urwasser so zurückzudrängen, wie er anfangs die Finsternis in die Außenzonen zurückdrängt, so daß Menschen angesichts des Wassers überleben können.

Auf der gleichen Ebene ist ja auch die Sintflutgeschichte zu verstehen. Auch da werden die Fluten durch das Schaffen eines Lebensraums in der Arche abgedrängt. Diese Perspektive durchzieht die ganze Priesterschrift, und sie drückt sie gleichzeitig als Hoffnung für die Zeit nach dem Exil aus. Man wartet gespannt und voll Hoffnung darauf, in der neuen Kultgemeinde vor Gott einen Abstand zum Chaos zu gewinnen, daß das Chaos des Exils nicht noch einmal einbricht, ein Auseinanderfallen des Volkes, was in Israel und im Judentum als absolute Bedrohung empfunden wurde. Aus dem Gedanken und der Hoffnung heraus, geschützt zu sein vor dem Einbruch des Chaotischen von oben, von unten oder von den Seiten, entwickelt die Priesterschrift ihre Intention.

Trotzdem bleibt für uns natürlich die Frage virulent: Was geschieht denn nun eigentlich, auch im Bild? Wir möchten über dieses Bild gern irgendwie hinauskommen, so daß wir uns Gott nicht vorstellen müßten als jemanden, der die einen erwählt und die anderen umkommen läßt. Diese Diskrepanz aber wird uns weiter begleiten, und wir werden uns wahrscheinlich auch nie von dieser Erfahrung, wie sie wohl alltäglich ist, dispensieren können.

Geschichtsmächtiger Eingriff

Die Radikalität der biblischen Konzeption, daß die Souveränität ganz auf der Seite Gottes liegt, kann auch so artikuliert werden, daß sie uns, die wir uns in unserer menschlichen Anteilnahme auch auf die anderen konzentrieren, befremdet. Für den biblischen Erzähler gilt aber zunächst nur das Interesse am Schicksal Israels, wie es aus der Bedrohung davonkommt. Damit bewegt sich der biblische Autor ganz auf der Linie der Sprache, die in der zeitgenössischen Literatur üblich war, wo man auf das Schicksal der eigenen Gemeinschaft, des eigenen Volkes fixiert und nicht so sehr vom Schicksal der anderen Völker bewegt war. Wir haben heute gelernt, Geschichtsschreibung etwas anders zu konzipieren, wir schauen auch auf die anderen. Es ist aber noch gar nicht so lange her, daß wir das gelernt haben. Dennoch sind wir noch nicht so weit, Geschichtsschreibung z. B. mit den Augen der sogenannten Dritten Welt zu sehen, wir sind noch nicht so weit, mit den Augen der Randexistenzen, der Obdachlosen die Wirklichkeit wahrzunehmen. Aus einem solchen Blickwinkel ergäbe sich ein völlig anderes Geschichtsbild als das, was von Herrschenden geschrieben wird. Da mag man noch so viel Kritik an Herrschaftssystemen üben, man hat noch lange kein objektives Bild, das allen Perspektiven und allen Schichten der Bevölkerung genügen würde. Geschichtsschreibung ist nach wie vor einseitig.

So dürfen wir auch nicht mit unangemessenen Maßstäben die Bibel überfrachten. Sie offenbart zunächst eine Sichtweise, wie sie den Menschen eigentümlich ist. Trotzdem können wir vielleicht mehr Substantielles aus der Bibel heraushören, als es in vielen Geschichtsdarstellungen zutage kommt. So ist es wichtig, auch auf die Nebenzüge in den biblischen Geschichten zu achten. Der Autor der Meerwundererzählung redet z. B. gar nicht von dem individuellen Schicksal der Ägypter, er ergötzt sich nicht an den Quälereien, die den Menschen zugefügt werden, um sich etwa damit zu brüsten, wie sehr Israel von seinem Gott bevorzugt sei und von ihm am Leben Anteil gewinne. Die Erzählungen begnügen sich damit, herauszustellen, daß Israel überleben kann. Das ist das Wichtigste. Die Urteile über die anderen, die Feinde, sind in metaphorischer Sprache gehalten, und das sollten wir klar zur Kenntnis nehmen.

Neben den narrativen Darstellungen des Exodus geben uns auch die poetischen Dichtungen Aufschluß über die Sicht des jeweiligen Verfassers.

Ex 15,21: „... warf er ins Meer"

In Ex 15 lesen wir im berühmten Schilfmeerlied, daß von Jahwe sogar als von einem „Kriegsmann" gesprochen wird. Dies illustriert ein Teil des Schilfmeerliedes, das sogenannte Mirjamlied (Ex 15,21):

Preiset Jahwe! Hoch erhaben ist er! Roß und Reiter warf er ins Meer.

In der poetischen Darstellung des Exodusgeschehens, insbesondere des Meerwunders, werden die Ägypter gar nicht erwähnt. Der poetische Text kommt ohne Namensnennung außer dem Namen Jahwes aus. Darauf kommt es an in diesem kurzen, refrainartig wiederholten Hymnus, den wir zu den sogenannten imperativischen Hymnen zählen. Das Lied ist wahrscheinlich in Jerusalem entstanden, eine Art poetischer Kurzfassung der erzählenden Darstellung, ein Preislied zur Verherrlichung Gottes, der — mythologisch, metaphorisch gesprochen — über die chaotischen Gewässer obsiegt. „Roß und Reiter warf er ins Meer": alle Potentiale, die mit Krieg zu tun haben, vernichtet er. Insofern steht dieser dichterische Hymnus auf der gleichen Ebene wie die immer wieder zitierten Texte, die im Alten Testament gegen die Kriegslüsternheit oder Kriegsverliebtheit zu Felde ziehen, die meist aus prophetischer Feder stammen, wie z. B. das Wort vom „Umschmieden der Schwerter zu Pflugscharen und der Lanzen zu Winzermessern" (Jes 2,4 und Micha 4,3) oder das Wort von der Zerstörung der „Streitwagen" (Sach 9,10). Diese Vorstellung kommt im Alten Testament ganz klar zum Ausdruck. Jahwe zerschlägt die Symbole des Kriegsgeschehens. Wir erkennen die gleiche Ebene, wie sie in Ex 15,21 angesprochen wird. Es geht um die Souveränität des Gottes, der Krieg und Kriegsstrategie und auch die damit verbundene Unmenschlichkeit überwindet, aber auf seine Weise. Sein Krieg ist ein anderer Krieg als der, den die Menschen führen. Der Krieg Jahwes ist im Alten Testament eine besondere Kategorie, eine Chiffre dafür, daß Gott die Geschichte auf seine Weise macht, auch wenn sie den Menschen befremdet. In der poetischen Fassung finden wir also eine andere Einbindung des Mythos, ein Bekenntnis zum lebenspendenden, zum naturmächtigen Jahwe.

Gewalttätige Rettung

Auch die Formeln von der Herausführung aus Ägypten, die ich kurz ansprechen möchte, besagen ja nichts anderes, als daß Jahwe in seiner Souveränität beschrieben wird. Sie beginnen (in der meist vertretenen Gestalt der Formel) mit der sogenannten Selbstvorstellungsformel: „Ich bin Jahwe". Das ist entscheidend, daß Jahwe „auferstehen" läßt, daß er Israel aus dem „Haus der Knechtschaft", wie es ausdrücklich heißt, herausführen lassen kann. Der primäre Aspekt ist einzig und allein, daß Gott der befreiende Gott ist. Unsere Zeit schätzt den Ausdruck Befreiung und Befreiungstheologie besonders, sie ist daran gewöhnt, vom befreienden Gott oder auch von Selbstbefreiung zu sprechen. Ob man sich aber im klaren ist, daß bei der Befreiung der einen durchaus andere auf der Strecke bleiben, in den Schatten geraten können? Wir müssen statt dessen anerkennen, daß Gott auf seine Weise universal befreit. Das betrifft sowohl die, die eine Befreiung der Psyche, des Ichs propagieren, die dem Ich eine enorme Emanzipation zukommen lassen wollen, und es gilt auch für die jenigen, die eine Entwicklung des „Wir" der Menschen und die Befreiung der Gesellschaft befürworten. Beide Richtungen sollten wir bedenken und nicht eine Unterdrückung auf anderen Ebenen in Kauf nehmen. Die Majestät des befreienden Gottes übersteigt alle Vorstellungen des Ichs, das sehnsüchtig nach Befreiung ruft.

„Ich bin Jahwe" ist Ausdruck dieser umfassenden Befreiungsaktion und der Befreiungsmächtigkeit Gottes.

3. Jos 3–6: Der Genozid

Von der Exoduserzählung, den Exodushymnen und -formeln führt der Weg im Alten Testament hinein und hinüber zu allen Ereignissen, die sich mit der künftigen Orientierung in Palästina verbinden. Da stehen wir wieder vor einem neuen Arsenal unverständlicher Formulierungen, die schwer nachzuvollziehen sind. Ich denke vor allem an die Prozesse der Landnahme Israels.

In diesem Zusammenhang erinnere ich an den schon eingangs erwähnten Brief, der im Anschluß an die Tagung zum 40. Jahrestag des Staates Israel verfaßt wurde und der Unverständnis dafür zum Ausdruck brachte, sich an den Juden zu orientieren, die doch bei der Landnahme nichts anderes im Sinn gehabt hätten, als die Völker vor sich herzutreiben und sie zu vernichten. Der Briefschreiber bringt damit ein weitverbreitetes Mißverständnis zum Ausdruck, das in vielen Köpfen nach wie vor herumspukt. Als wenn gerade die Juden darauf aus gewesen wären, in imperialistischer und militaristischer Manier alles niederzuwalzen, was sich ihnen in den Weg gestellt hätte.

Landgewinn und Vertreibung

In Wahrheit lehren uns die Rekonstruktionen der Anfänge Israels ein anderes Bild. Das Hineingelangen in das Kulturland Palästina vollzog sich ganz anders, als es die Bibel darstellt. Das muß man so rigoros sagen. Es gilt ohne Zweifel, daß von einer gewalttätigen Eroberung Palästinas in einer umfassenden Weise, wie wir es zu lesen glauben, gar keine Rede sein kann. Israel hat sich nicht in einer gewaltigen, einheitlichen Aktion des Landes bemächtigt, auch nicht in kämpferischer Manier Meter für Meter das Land erobert und die Völker dezimiert. Es ist vielmehr in einem zunächst friedlichen Einsickerungsprozeß auf ganz unterschiedliche Weise, regional differenziert, in Palästina heimisch geworden, wobei ein großes Potential Israels bereits die einheimische Bevölkerung darstellt. Die archäologischen Befunde, in diesem Fall eine viel zuverlässigere Quelle als das Alte Testament, belehren uns darüber, daß der bodenständige Anteil an Israels Bevölkerung mindestens so groß, wenn nicht viel größer war als der Anteil der Einwanderer. Es hat sich also ein großer Teil der Bevölkerung bereits an Ort und Stelle befunden, die nachher unter der Namensgebung „Israel" in die Geschichte eingegangen ist. Dazu kommen diejenigen, die von außen eingewandert sind, deren Existenz wir natürlich nicht in Frage zu stellen brauchen, weil auch außerbiblische Zeugnisse von einer Einwanderung in den Kulturraum, auch Palästinas, berichten.

Aber wie ist dieser Zugriff auf Palästina erfolgt? Wir müssen in der Bibel von einer literarischen Verarbeitung des Geschehens aus sehr viel späterer Zeit ausgehen. Das Alte Testament reflektiert in seiner literarischen Sprache etwas, was Jahrhunderte vorausgeht und nun in einem ganz anderen Licht dargestellt wird. Bezeichnend ist dabei, welche zeitgeschichtlichen Erfahrungen den Schreiber bestimmen. Ein heutiger Erzähler kann auch nicht ohne die Gegenwart Geschichte schreiben. Im Alten Testament ist es massiv greifbar, daß immer wieder die Gegenwart des Erzählers, des Berichterstatters durchschlägt. Das wird viel zu wenig bedacht. Unsere religiöse Redeweise, z. B. „Gott sprach" etc., bedenkt nicht, daß das literarische Formulierungen sind, die dazu noch in Bildern verpackt sind. Diese müssen wir zuerst entziffern.

Israels Einzug in das Heilige Land und die Anfänge in Palästina, begleitet von Terror und Vernichtungsstrategie: das ist das fatale Bild, das sich uns zunächst darzubieten scheint. Da hilft vielleicht ein Blick auf die historischen Entwicklungen für erste Klärungen.

Die neueste Betrachtung der Anfänge Israels auf palästinischem Boden lehrt, daß wir mit einer Vielzahl von Prozessen rechnen müssen, die keinesfalls geschlossen nach einem Muster verlaufen und sicher nicht von einer Kette von Eroberungen begleitet gewesen sind. Im Gegenteil, wir dürfen sogar von einer längeren Symbiose zwischen frühisraelitischer und kanaanäischer Bevölkerungspräsenz ausgehen. Der größere Teil der Bevölkerung, die später in Israel aufgeht, ist bereits im Lande gewesen. Das in außerbiblischen Quellen gut belegte Eindringen von Gruppen von außerhalb ist aber keinesfalls in der Größenordnung geschehen, wie uns in den biblischen Erzählungen suggeriert wird. Vielmehr ist der Bestand der eindringenden Scharen, die den Weg von Ägypten her genommen haben, ein sehr kleiner, dafür aber eine sehr agile und aktive Gruppe. Dieses offenbar sehr kleine Volk war aber so einflußreich, daß der Glaube dieser Eindringlinge sich als Glaube an den Bezugsgott Jahwe für ganz Israel durchgesetzt hat.

Schon der kurze Blick auf die geschichtlichen Dinge könnte das allgemeine Vorurteil bezüglich der „Berichte", die wir in der Bibel lesen, außer Kraft setzen.

Die Konfrontation als Schauspiel

Die Bibel selber ist in diesen Texten gar nicht so gewaltlüstern, wie man vielleicht nach dem ersten Lesen meinen könnte. Die Erzählungen sind keineswegs in einem Atemzug und aus einem Guß entstanden, sondern sie haben ihrerseits eine Geschichte. Das gilt natürlich auch für die sogenannten Landnahmegeschichten.

Um das ganz kurz zu zeigen, sei als Beispiel die Erzählung von der Eroberung Jerichos (Jos 6) herangezogen. Die älteste Phase der Erzählung von der Eroberung Jerichos, soweit wir sie rekonstruieren können, spricht überhaupt nicht davon, daß Josua mit seinen Gefolgsleuten, seinen Kriegern, in die Stadt eingedrungen sei, um alles zu zerstören, zu zerschlagen und zu vernichten. Vielmehr erzählt die älteste Phase von einem Wunder, daß die Mauern Jerichos auf den Posaunenschall, auf den Klang der Hörner hin und durch die Prozession um die Stadt herum einbrechen. Es ist ein religionsgeschichtlich gut belegtes Modell, daß durch großen Lärm und großes Geschrei, durch ein Getöse sondergleichen das Chaos besiegt werden kann. Die in vielen Religionen verbreitete Idee spielt auch in der Dämonenbeschwörung eine Rolle, verbunden mit der Vorstellung, daß auch durch die Musik der böse Geist bezwungen werden kann. Denken wir an die Begegnung von Saul und David (1 Sam 16, 14–23). Die Erstfassung der Erzählung von der Eroberung Jerichos nimmt diese Gedanken auf. Jericho als feste, verschlossene Stadt, wie es ausdrücklich in Jos 6, 1 heißt, wurde wohl als Bedrohung empfunden, so daß Jericho nur durch eine Tat Gottes, durch eine Tat, die Gott selber inszeniert, bezwungen werden kann. Der Mensch kann sich nach dieser Version gar nicht beteiligen. Die frühe Fassung von Jos 6 und 7 ist also von einer Antikriegsvorstellung geprägt und liegt insofern auf gleicher Ebene wie die frühen Exoduserzählungen, die ebenso ausdrücklich einer Antikriegsvorstellung Raum geben. Denken wir an die berühmte „Antikriegspredigt" des Mose, als Israel in Furcht und Zittern dasteht und vor der Verfolgung der Ägypter große Angst hat. In Ex 14, 13f lesen wir:

Fürchtet euch nicht! Bleibt stehen, und schaut zu, wie Jahwe euch heute rettet. ... Der Herr kämpft für euch, ihr aber könnt ruhig abwarten.

„Verhaltet euch still und tut nichts!", meint Mose. Nichts tun, keine Waffen in die Hände nehmen, das ist die Devise. Gott wird euch schon „über die Runden bringen". Eine solche Grundidee, daß es keinerlei Waffen, keinerlei Instrumente bedarf, um zu überleben, wenn man sich nur in seinem Gott festmacht, prägt die frühe Erzählung von der sogenannten Eroberung Jerichos.

Die Gewalt des „Einen"

Natürlich können wir nicht leugnen, daß im Laufe der Zeit auch andere Gedanken in die Verarbeitung und Ausweitung dieses Textes Einzug gehalten haben. Erstaunlicherweise hängen diese redaktionellen Einfügungen und Überarbeitungen mit der sogenannten deuteronomischen Bewegung zusammen, jener Bewegung, die im Laufe des 7. Jahrhunderts v. Chr. besonderen Wert auf die Herausstellung und Exponierung Jahwes als des „einen und einzigen" Gottes legt. Der strenge Monotheismus war ja nicht von vornherein in Israel üblich, er ist erst das Ergebnis längeren Reflektierens über den Gott der Geschichte. Die deuteronomische Bewegung forciert erstmals die Idee vom „einen und einzigen" Gott, der dann auch über Israel hinaus als der Einzige erscheint. Die Nachfahren derer, die die deuteronomische Bewegung begleitet haben, die sogenannten Deuteronomisten, haben schließlich alles daran gesetzt, die gesamte Geschichte Israels so zu schreiben, ja zum Teil umzuschreiben, daß man den Eindruck gewinnt, von vornherein sei nur der „eine und einzige" Gott am Werk, was sich ganz tief im Bewußtsein Israels und des Judentums verankert hat. Diesen Eindruck müssen wir auch heute gewinnen, wenn wir die Bibel lesen. Allerdings beachten wir dabei zu wenig, daß die deuteronomistische Redaktion alte Traditionen erfaßt und zugleich ein neues Geschichtsbild entwirft. Wir stehen also vor einer späten Redaktion der gesamten Texte und müssen die Literaturwerdung nachstudieren und vor allem die älteren Phasen reflektieren.

Trotzdem: Es stehen Gewaltszenen in der Bibel. Die deuteronomistische, redaktionelle Bearbeitung der älteren Texte operiert mit Formulierungen, die wir als besonders anstößig empfinden. Schon in der deuteronomischen Bewegung liegen diese Ansätze insofern begründet, als es dort in massiver Weise um die Herausstellung des „Einen und Einzigen" geht. Es ist ein Paradox, daß mit der Verkündigung des strengen und absoluten Monotheismus auch ein gehöriges Stück der gewaltsamen Abgrenzung einhergeht, auch ein gehöriges Stück der Ideologisierung, so daß es keine Fremdgötter mehr geben darf, daß Israel keine Bilder von seinem Gott herstellen darf, daß es nicht auf Altären opfern darf, vor allem nicht mehr außerhalb Jerusalems, daß es nur ein einziges Zentrum gibt, daß es auch nur ein einziges Volk gibt, das im Kult sich vereinigt: ein Kult, ein Gott, ein Volk. Das Herausstellen des „Einen und Einzigen" ist die Devise schlechthin in der deuteronomischen Bewegung und bei deren deuteronomistischen Erben. Auf der anderen Seite birgt die Betonung der Exklusivität die Gefahr der Abgrenzung in sich und entläßt möglicherweise Formulierungen aus sich, die die Negierung, ja die Vernichtung all dessen, was sich außerhalb des legitimen Kultes befindet, propagieren.

Diese Seite macht uns dabei sehr zu schaffen, so gern wir nachvollziehen, daß die Verehrung des „Einen und Einzigen" herausgestellt wird. Die deuteronomische Bewegung kann, wie etwa das Kapitel 12 im Buch Deuteronomium aufweist, so radikal vorgehen, daß sie die Zerstörung der Steinmale, der Altäre anempfiehlt, ja daß sie jedwede Opfer außerhalb des von Gott erwählten Heiligtums verbietet, daß sie gebietet, alle Relikte der kanaanäischen Kulte beiseite zu schaffen. Von Toleranz keine Spur!

Ist das die richtige Dimension, die den Eingottglauben auf Dauer prägen könnte? Eine Prägung auf Dauer sicherlich nicht. Aber es gehört nun einmal dazu, daß die Herausforderung, an den „Einen und Einzigen" zu glauben, sich auch in dieser uns so schockierenden Weise Luft verschafft, was uns natürlich im nachhinein skeptisch werden läßt, ob der Durchbruch zu dem „Einen und Einzigen" in dieser Art und Weise die einzig mögliche war. Hätte man nicht in den bisherigen Bahnen weiter verfahren sollen und von den alten Religionen, die ja keineswegs ausschließlich monotheistisch angelegt waren, sehr viel mehr lernen können, wie diese vor allem von ihrem jeweiligen Hochgott reden? Die Schwierigkeiten, die sich in der deuteronomischen Darstellung auftun, wenn der „Eine und Einzige" für alles Geschehen verantwortlich gemacht wird, müssen wir als ein Ringen um die Frühform des Monotheismus verstehen und somit auch die negativen Begleiterscheinungen in der Auslegung und in der Reflexion richtig einordnen.

Wie in einem Bild wird hier die Art und Weise beleuchtet, wie Menschen mit Gott umgehen, den sie letzten Endes nicht verstehen können. Der Durchbruch zum „Einen und Einzigen" ist zwar geschehen, aber man hat dieser provozierenden Vorstellung nicht standhalten können, die Reflexionen über Gott haben auch weiterhin nicht auszuloten vermocht, was mit dieser Setzung verbunden ist.

Solche Thesen können auch nicht dadurch erträglicher werden, daß man die Bibel nicht von der Wesenheit Gottes sprechen läßt, sondern lediglich vom Verhältnis Gottes zu den Menschen und zur Welt. Für den biblischen Menschen wird im Handeln Gottes immer auch ein Stück von dem sichtbar, wie Gott ist. Nach dem Eindruck Israels kann Gott sein Angesicht verdecken, aber nicht verstellen. Dennoch weiß Israel auch, daß es niemandem vergönnt ist, das Angesicht Gottes auszuhalten: „Kein Mensch kann mich sehen und am Leben bleiben." (Ex 33,20)

Halten wir also fest: Die deuteronomistische Sprache läßt den „einen und einzigen" Gott auch als obersten Befehlshaber und Kriegsmann auftreten, der sogar Josua in der Nachfolge des Mose beauftragen kann, er solle die Völker, die in Kanaan/Palästina wohnen, vertreiben, er solle die Städte mit ihrer Bevölkerung mit Stumpf und Stiel ausrotten, vernichten bis zum letzten — eine schrecklich bittere Pille, die wir in diesen Formulierungen zur Kenntnis nehmen müssen.

Diese radikale, extreme Auslegung der Universalität des „einen" Gottes, der insofern über Leben und Tod herrscht, als er den Tod auch verordnen kann, befremdet uns zutiefst. Wir müssen solche Aussagen aber auch in ihrer zeitgeschichtlichen Anbindung sehen. Es ist mit Recht von N. Lohfink in bezug auf den Bann, die sogenannte Vernichtungsweihe, herausgestellt worden, daß in dieser Diktion eine Art Aufbereitung der Begegnung Israels mit den Fremdvölkern geschieht. Die radikale Idee von der sogenannten Vernichtungsweihe hat ihre Wurzeln in den Erfahrungen mit den außerisraelitischen Völkern. Die sogenannte „Vernichtungsweihe" wird im Alten Testament überwiegend in der deuteronomistischen Literatur in dem Sinn gebraucht, daß eine sakrale Zerstörung, eine von Gott autorisierte Vernichtung stattfindet. Es wird uns sehr schwerfallen, überhaupt Kontakt mit dieser Idee zu bekommen. Man könnte darin fast eine Art Genozid sehen, den Gott verordnet, eine Vernichtungsstrategie, die ein sakrales Gewand hat.

So finden wir in den Büchern Josua und Richter mehrfach diese Aufforderung und den Vollzug dargestellt, wo von der Vernichtung der eroberten Stadt gesprochen wird, was zugleich bedeutet, daß die Beute nicht angegriffen werden darf, sondern als Opfer für Gott reserviert bleiben muß. Es darf sich also niemand an der Beute vergreifen. In Jos 7 wird ausführlich berichtet, daß Achan sich die Beute angeeignet hat und dafür mit dem Tod bestraft wird, weil er sich am Eigentum Gottes vergriffen habe (Jos 7, 10–24). Derartige Vorstellungen sind uns sehr fremd. Wir sollten sie aber mit N. Lohfink ansatzweise zu verstehen suchen als Ringen darum, wie man mit dem Gott umgeht, der so universal einzigartig ist, daß er alles im Griff haben soll, sogar den sinnlosen Tod. Es geht um die Einzigartigkeit eines Gottes, wie ihn sich Menschen nicht ausmalen können, der die Verantwortlichkeit für alles, für die Kausalitäten im umfassenden Sinn trägt. Die biblischen Autoren hatten damit wohl in den ersten Perioden so sehr zu kämpfen, daß man noch keinen Durchblick gewinnen konnte.

Dazu kommen, wie N. Lohfink feststellt, die Kriegsberichte der Assyrer und Babylonier, der Israel bedrängenden Völker der vorexilischen Zeit, in denen die Götter in massiver Weise blutrünstig dargestellt werden, daß sie Täler mit Leichen und Blut angefüllt hätten usw. Diese außerordentlich brutalen, Schrecken und Schauer erzeugenden Darstellungen vor allem in den assyrischen Kriegsberichten lassen die Könige im Auftrag ihrer Götter solche Schreckenstaten vollführen. Auf diesem Hintergrund scheint die deuteronomistische Geschichtsschreibung, die sich eben dieser Horrorsprache bedient und die älteren kriegsfernen Schichten aufpoliert und aktualisiert, den assyrischen und baby

Ionischen Herrschern mit ihren massiven Reden zeigen zu wollen, daß der Gott Israels viel mächtiger ist als die Götter Assurs und Babylons. Sie charakterisieren den Gott Israels als den, der noch viel stärker durchgreifen kann, der ein wesentlich mächtigerer Kriegsmann ist und die militärische Strategie weitaus besser beherrscht als alle anderen Götter.

Der „Eine", das Gute und das Böse

Das Ansinnen der Deuteronomisten ist sicher ein Anzeichen einer noch nicht ausgereiften und noch nicht ausdiskutierten Vorstellung von dem „Einen und Einzigen". Wir könnten allerdings fragen: Wann ist diese Vorstellung überhaupt ausgereift, ist sie überhaupt einzuholen und auszudiskutieren? Gibt es nicht immer wieder Mißverständnisse in den Situationen des menschlichen Lebens in dem Sinne, daß man sich wünscht, dieser Gott müßte doch eigentlich mit allen seinen Möglichkeiten durchgreifen (wobei die menschliche Phantasie dabei unterschwellig zur Sprache kommt)? Solche Vorstellungen sind ja auch bei uns immer wieder aktuell und lebendig. Man wünscht sich, daß dieser Gott mit dem Bösen doch endlich einmal aufräumen möge.

Vielleicht sind wir in unserer Geschichte und in unserem Reflexionsstand über die Schwierigkeiten, Gott so zu verstehen, etwas sensibler geworden, obwohl wir uns ganz gewiß nicht auf ein Postament setzen dürfen, um über die frühen Auseinandersetzungen über den „einen und einzigen" Gott zu Gericht zu sitzen. Es liegt mir nichts ferner, als hier hochmütig auf Abstand zu gehen, denn die Vorstellung vom „Einen und Einzigen" macht auch uns immer wieder neu zu schaffen. Sie ist ungleich provokanter als die Idee, zu sagen: Dieser Gott ist der Gott des Guten, und jener Gott ist der Gott des Bösen. Solche Zuteilungen und Kompetenzverteilungen sind manchmal einfacher zu verstehen, als dem „Einen und Einzigen" die Wirksamkeit in allen Bereichen zuzugestehen. Mit dem Monotheismus beginnt das „Elend" der Theologie.

Ein Gegenmodell: Die Priesterschrift

Ich will im folgenden die Auseinandersetzung mit diesem deuteronomisch-deuteronomistischen Konzept, das uns sehr bedrückt, betrachten. Diese Auseinandersetzung finden wir ebenfalls im Alten Testament. Es ist ja keineswegs so, daß sich nur die deuteronomistische Sicht durchgesetzt hat. Sie hat einen Entwurf geliefert, einen radikalen, uns befremdenden Entwurf. Daneben gibt es ganz andere Antworten in der Bibel.

Zunächst möchte ich dagegen stellen, was die Priesterschrift zu sagen hat, die wir wahrscheinlich als eine Art pazifistischen Gegenentwurfs zur deuteronomistischen Geschichtsschreibung verstehen müssen. N. Lohfink gebraucht den Ausdruck „pazifistisch", um die Priesterschrift in einer Gegnerschaft zu Krieg und Auseinandersetzung mit militärischer Strategie herauszustellen. Wenn wir die Geschichten, die die Priesterschrift darstellt, daraufhin prüfen, werden wir niemals solche radikalen Lösungen, die auch noch im Detail mit militärischen Mitteln beschrieben werden, finden. Der Entwurf, den die Priesterschrift liefert, um das Wohnen im Land zu skizzieren, ist durch und durch von der Vorstellung des Gottesdienstes, vom Kult bestimmt. Die Priesterschrift vermittelt deutlich einen den deuteronomistischen Vorstellungen gegenteiligen Eindruck, daß der Mensch nicht dazu berufen ist, fremde Religionen zu zerstören oder fremde Völker zu vertreiben, vielmehr daß Israel dazu berufen ist, sich in einer Gemeinschaft vor Gott, in einer Bundesgemeinschaft zu verstehen, um gemeinsam durch den Gottesdienst und im Gottesdienst sich gegen die Gewalt auszusprechen. Eine Vorstellung, die sicher viel mehr in christliche Bereiche hinübergetragen werden müßte. Die Priesterschrift entwickelt den großartigen Entwurf von einer Menschheit — zunächst nur auf Israel bezogen — als eines Königreichs von priesterlichen Menschen. Das Kennzeichen des Menschenbildes der Priesterschrift ist, Gott in der Gemeinschaft zu dienen als Alternative gegen die Gewalttat schlechthin. So antwortet die Priesterschrift auf das Modell der radikalen Auslegung des monotheistischen Gottesver ständnisses der Deuteronomisten. Die Geschichtsschreibung der Priesterschrift und ihr Entwurf des exilisch-nachexilischen Neubeginns Israels in Palästina in den Bildern dessen, was sich zu Anfang der Geschichte Israels entwickelt hat, ist also kriegsfern, kriegsfeindlich und gewaltfeindlich, insofern Menschen nicht das Recht haben, mit der Rigorosität der militärischen Gewalt sich Recht zu verschaffen. So das Modell der priesterschriftlichen Geschichtsdarstellung.

4. Jes 45,7 und Ijob 1,21

„Bildner von Licht" — „Schöpfer von Finsternis"

Ein weiterer Prophet, dessen Gedankengang ich jetzt unmittelbar an die Betrachtung der Priesterschrift anschließen möchte, weil sein Wort uns das eben Gesagte noch besser erschließt, ist der Prophet Deuterojesaja, den wir ja aus Verlegenheit so nennen, weil wir seinen eigentlichen Namen nicht kennen, und dessen Worte und Überlieferungen im zweiten Teil des Buches Jesaja gesammelt worden sind.

Dieser sogenannte Deuterojesaja steht in mancher seiner Vorstellungen der Konzeption der Priesterschrift sehr nahe. Deuterojesaja, in der fortgeschrittenen Phase des Exils lebend, macht sich Gedanken über den „einen und einzigen" Gott und ist der radikalste Vertreter des monotheistischen Glaubens im frühen Judentum. Sein Appell an den „einen und einzigen" Gott hat naturgemäß die Frage zur Seite: Wie hält es dieser Gott mit der Gewalt, was geht in bezug auf das Übel in der Welt von ihm aus?

Deuterojesaja stellt vor allem Kyros, den König der die Herrschaft in Mesopotamien ergreifenden Perser heraus. Dieser Kyros folgt bei Deuterojesaja einer Konzeption nach altpersischer Überzeugung, daß das Gute ein eigenes Prinzip darstellt und das Böse durch einen gegnerischen Gott, durch eine gegenläufige Instanz verkörpert wird. Diese Ansicht ist dem Propheten und seinen Zeitgenossen in Mesopotamien sicher bekannt gewesen. Der biblische Ansatz versucht nun in aller Deutlichkeit, diesem dualistischen Prinzip zu begegnen und dem „Einen und Einzigen" gerade auch die unterschiedlichen Wirklichkeiten einzuprägen, daß das Gute, aber auch das Unheilvolle irgendwie mit dem höchsten Gott verbunden sind.

Der „Gorbatschow" des Alten Testaments

Wir finden bei Deuterojesaja einen Text, der in dieser Hinsicht außerordentlich herausfordernd ist. Es geht um die Anrede an Kyros, den Perserkönig. Es hat immer großes Erstaunen hervorgerufen, daß dieser Kyros, der Mann aus dem Osten, beim Propheten auf einmal als der Gesalbte des Herrn dasteht, eine völlig überraschende Diktion, nachdem zuvor nur die Könige Israels, vor allem David und Salomo, als die erwählten Könige gegolten haben. Hier kann ein israelitischer Prophet sagen, daß ein Fremdherrscher wie Kyros für Israel die gleiche Relevanz, ja sogar noch mehr Bedeutung besitzt wie die klassischen Herrschergestalten Israels. Dieser Kyros — man stelle sich das vor — wird als der Gesalbte Jahwes bezeichnet, d. h. als der Messias angesprochen. (Ein Beispiel aus unseren Tagen: Gorbatschow als Mann aus dem Osten mit ganz anderer geistesgeschichtlicher Herkunft tritt als weltweit bedeutsamer Friedensstifter auf! Wer hätte ihm das zugetraut?) Ähnliche Gedanken mögen in damaliger Zeit die Deportierten bewegt haben. Wie kann aus dem mächtigen Ausland im Osten etwas Gutes kommen, ein König, der noch dazu zum Erwählten Jahwes geworden ist?

In Jes 45,1-7 hören wir von einer Ansprache Gottes an Kyros:

So spricht Jahwe zu Kyros, seinem Gesalbten, den er an der rechten Hand gefaßt hat, um ihm die Völker zu unterwerfen, um die Könige zu entwaffnen, um ihm die Türen zu öffnen und kein Tor verschlossen zu halten:
Ich selbst gehe vor dir her und ebne die Berge ein. Ich zertrümmere die bronzenen Tore und zerschlage die eisernen Riegel.

Ich gebe dir verborgene Schätze und Reichtümer, die im Dunkel versteckt sind.
So sollst du erkennen, daß ich Jahwe bin, der dich bei deinem Namen ruft, ich, Israels Gott.
Um meines Knechtes Jakob willen, um Israels, meines Erwählten, willen habe ich dich bei deinem Namen gerufen; ich habe dir einen Ehrennamen gegeben, ohne daß du mich kennst.
Ich bin Jahwe, und sonst niemand; außer mir gibt es keinen Gott.
Ich lege dir den Gürtel an, ohne daß du mich kennst, damit man vom Aufgang der Sonne bis zu ihrem Untergang sieht, daß es außer mir keinen Gott gibt.
Ich bin Jahwe, und sonst niemand.
Ich bin ein Bildner von Licht, ich bin ein Schöpfer von Finsternis, ich bin ein Macher von Heil und ein Schöpfer von Unheil. Ich bin Jahwe, der dies alles tut.

In diesen für das Alte Testament überraschenden und einmaligen Formulierungen scheint mir eine Zuspitzung erreicht zu sein, die Gott selbst in seiner Rätselhaftigkeit bestätigt. Er wird als Schöpfer respektiert, so wie in der Priesterschrift: die Schöpfung des Lichts steht am Anfang als das Werk des ersten Tages. Das Licht verdrängt die Finsternis, identifiziert das Dunkel als Finsternis, eine Begleiterscheinung dieses ersten Schöpfungstages, nachdem die Vorlage der Priesterschrift noch die Finsternis zu den chaotischen Wirklichkeiten gezählt hat.

Deuterojesaja geht noch einen Schritt weiter, er verwendet den Ausdruck, den die Priesterschrift für souveränes, analogieloses, unvergleichliches Schaffen gebraucht, gerade auch für das Schaffen der Finsternis. Bedenkenswert sind die partizipialen Wendungen: es wird nicht nur ein Geschehen von damals beschrieben, sondern es geht um etwas, das sich offenbar immerzu ereignet: „Ich bin ein Bildner von Licht", noch wörtlicher übersetzt: „ein Töpfer von Licht".

Das Wort meint ja das Formen, das Töpfern eines Gefäßes. So steht Gott da als der, der das Licht plastisch formt, aber er steht genausogut da als einer, der die Dunkelheit in souveräner, nicht vergleichbarer Weise immer wieder produziert. Wie beides zusammengeht, darüber läßt sich der Text nicht aus. Er bekennt sich aber in der zweifellos vorhandenen Bildsprache dazu, daß in Gott die Gegensätze zusammenfallen, daß seine souveräne Wirklichkeit beides umschließt, daß er *so* und *so* ist. Wir können keine sekundäre Instanz benennen, so Deuterojesaja, die neben dem guten Gott existierte. Wir müssen das Unerträgliche akzeptieren, daß Gott Rätsel in sich birgt, denen wir die Erfahrung des Leids verdanken. Es trifft also nicht zu, daß die Gewalttat unter Menschen in einer automatischen Weise die Reaktion nach sich zieht. Es trifft ebensowenig zu, daß Gott einfach auf den Knopf drückt, um den Automatismus zu fördern. Sein So-Sein hat mit der unbegreiflichen Universalität Gottes zu tun, daß in ihm auch die mysteriösen, unheimlichen Kräfte verborgen sind, das Tremendum, das, was „zittern macht", wie die Religionsgeschichte sagt, neben dem Faszinosum, das fasziniert sein läßt. Diese allgemeine Erkenntnis der Religionsgeschichte, daß man auf das Heilige immer wieder diese beiden Aspekte projiziert, das Tremendum und das Faszinosum, läßt fragen, ob sich die Bibel von allgemeinen Konzeptionen unterscheidet, die die Religionsgeschichte den Göttern, dem Heiligen zuschreibt?

Deuterojesaja weist an dieser Stelle auch uns einen Weg, über das hinauszukommen, was die Religionsgeschichte ohnehin sagt. Es ist wohl richtig, daß in Gott die beiden Welten verborgen sind. Für Deuterojesaja ist aber entscheidend und allein über alle Klippen hinweghelfend, daß dieser Jahwe den Menschen beim Namen gerufen hat. Das ist die gewichtigere Erfahrung von beiden, oder anders gesagt, die Nähe Gottes überstrahlt den Eindruck der Ferne. Die Erfahrung der Nähe macht den fernen Gott aushaltbar. Die Rätselhaftigkeit des distanzierten Gottes ist geborgen in der nicht minder undurchschaubaren Nähe. Dennoch ist das Licht nicht gleichgewichtig mit der Finsternis. Wir können die Finsternis oder das Unheil nicht beiseitelassen, wenn wir uns der Wirklichkeit des rätselhaften Gottes aussetzen.

Diese Grundfragen betreffen das Christentum genauso wie jede andere Religion, insbesondere auch das Judentum.

Hier kann man weiter spekulieren. Sogar der Mensch, der doch Ebenbild dieses Gottes ist, ist möglicherweise von dieser Diskrepanz gezeichnet. Er sollte doch eigentlich der Gute sein, Abbild, Bild dieses Gottes, ebenfalls ein Lichtbringer. Ist es ihm aber nicht auch von vornherein eingegeben, daß er dem Chaotischen auf eine rätselhafte und merkwürdige Weise verwandt ist? Das Alte Testament denkt in der Prophetie nicht weiter über dieses Menschenbild nach, das auch so rätselhaft sein kann wie das Gottesbild selber. Da bleiben natürlich Fragen offen, die auch nicht durch das Neue Testament aufgehoben werden, die überhaupt nicht gelöst werden können, solange wir nicht Einblick in das Wesen Gottes erlangen, was wir wohl nie erlangen werden. Es bleiben diese unerklärbaren und rätselhaften Bereiche im Wesen des Menschen, die ihn über seine berufene Wirksamkeit hinaus- und danebengreifen lassen, rätselhafte Entgleisungen besonders in der Form von Gewalt. Hat das letzten Endes mit diesem Gott selber zu tun? Diese Fragen stehen wohl deutlich zwischen den Zeilen des Textes, sie werden aber nicht weiter reflektiert und ausgemalt. Der biblische Mensch begnügt sich damit, sich an der Lichtseite Gottes festzumachen. Wenn wir dieses zutiefst erfüllende Licht in uns aufnehmen und die Hand Gottes ergreifen, dann haben wir auch die Möglichkeit, ihn als den ganz anderen auszuhalten. Ich glaube, wir können es gar nicht anders verstehen, wir stoßen immer wieder auf die gleiche Orientierung und Sichtweise. Die „Negativseite" Gottes sollte den Menschen aber nicht dazu bewegen, die Hand auszuschlagen. Die Hand Gottes ausschlagen würde ja bedeuten, sich dem Dunkel auszuliefern.

Wenn man sich dagegen mit dem lichtschaffenden Gott assoziiert und sich mit ihm ineins setzt, besteht die Möglichkeit, die Dunkelheit zu durchbrechen.

Der „Gottesknecht"

Im Werk Deuterojesajas kommt noch ein plastischer Gegenentwurf zur Gewalt zur Geltung, der wie ein demonstratives Beispiel, eine ikonographische Entfaltung dessen ist, was in Jes 45,5 angedeutet wird. Ich meine die Figur des Gottesknechtes, eine auf den ersten Blick imaginäre Gestalt. Der Streit darüber, wer damit gemeint sei, ist bezeichnend für die Geschichte der Exegese und ist bis heute noch nicht zu einem befriedigenden Ergebnis gekommen. Vielleicht werden die Konturen dieser Gestalt deutlicher, wenn wir unterstellen, daß es gar nicht um eine physische Gestalt geht, sondern daß in ihr das Schicksal Israels und seiner Propheten, seiner Sprecher, verborgen ist.

Auf der einen Seite hören wir von der Erwählung des Gottesknechts. Er wird ausdrücklich und mehrfach als jemand bezeichnet, auf den Gott seine Hand gelegt bzw. den er erwählt hat. „Knecht" ist in diesem Sinne der Diener Gottes, der von ihm in Beschlag genommen ist, der ganz zu ihm gehört. Auf der anderen Seite steht dieser Gottesknecht als der Leidende da, als der Verfolgte, als das Lamm, das zur Schlachtbank geführt wird, als der in die Enge Getriebene, als der Schmerzensmensch, als jemand, an dem nichts Attraktives mehr zu finden ist. Die berühmten Gottesknechtslieder (Jes 42,1–9; 49,1–9c; 50,4–9; 52,13 –53,12) sind immer wieder als Beispiel für den leidenden Christus herangezogen worden. Sie sind in ihrer Eindringlichkeit zunächst aber gar nicht so sehr auf das Individuum bezogen, sondern konzentrieren und verdichten das Leiden des Einen stellvertretend für das ganze Volk in einer Gestalt. Israel verleiblicht sich nicht zuletzt in der Gestalt des Propheten selbst; der Prophet ist stigmatisiert durch Israel. Es ist Israel, das im Exil die große Not der Abtrennung und Vereinsamung erlebt, das sich hinter dieser Gestalt verbirgt, das aber seine Verbindung zu Jahwe nicht aufgibt, das in seinem Kontakt zu ihm erhalten bleibt, das weiter die Erwählung trägt. Erwählung bedeutet ja in keiner Weise, bevorzugt zu sein, was immer wieder mißverständlich dem Judentum als selbstherrliche Vorstellung des Volkes ausgelegt wird. Es hat mit Selbstgerechtigkeit nichts zu tun, wenn man Erwählung als Belastung versteht, so wie dieser Gottesknecht erwählt und belastet zugleich ist, der die Lasten des ganzen Volkes trägt, die in ihm personifiziert sind. Trotzdem bleibt er der Erwählte, trotz seiner Leiden. Insofern drückt sich in ihm ein Spiegelbild dessen aus, was wir von Gott sagen müssen: daß er das Licht bildet und die Dunkelheit schafft. Dieser Gottesknecht gibt etwas von der Wirklichkeit Gottes wieder, der beides auf rätselhafte, unergründliche Weise geschehen läßt, daß der Erwählte den Weg des Leidens und der Bedrohung geht, aber trotzdem über dem Abgrund gehalten wird und nicht endgültig verlorengehen kann. Hier begegnen wir einem Kernstück exilischen Glaubens und nachexilischer jüdischer Überzeugung.

Ijob 1,21: Lobpreis im Trotzdem

Jahwe hat gegeben, Jahwe hat genommen, der Name Jahwes sei gepriesen! (Ijob 1,21b)

Neben der geschichtlichen Reflexion der Priesterschrift als antikriegerischer Antwort, dem Wort des Propheten Deuterojesaja, der die Figur des Gottesknechts zeichnet, einer Existenzweise, in der Menschen dieses rätselhafte Gesicht Gottes an ihrem Leben verspüren, kollektiv und individuell, gibt auch die Weisheitsliteratur, besonders in der Gestalt des Ijob, eine entscheidende Antwort auf das deuteronomistische Reden vom gewalttätigen Gott.

In der Gestalt des Ijob scheint die Tiefe dessen erreicht zu sein, was man über die Herausforderung Gottes sagen kann. Wir wollen uns hier nur mit der Rahmenerzählung (Ijob 1,1 – 2,10) des Ijobbuches auseinandersetzen und dabei nicht so sehr die sogenannten Freunde Ijobs ins Auge fassen, die sich allesamt dadurch auszeichnen, daß sie ernsthaft fragen. Sie sind keine Spötter, vielmehr wollen sie mit dem, was sie wissen oder was sie ahnen, dem Ijob zur Seite stehen und ihn auf die Spur bringen, sie wollen ihm helfen, gewiß, aber wie? Das Ijobbuch lehrt in seiner Gesamtheit, daß niemand, der draußen steht, beurteilen kann, was drinnen los ist. Die Freunde können Ijob zwar assistieren, sie können hier und da Ursachen und Wirkungen notieren, sie können das Wissen, die Gelehrsamkeit über menschliche Schicksale einbringen, sie können ideologisch, psychologisch oder dogmatisch argumentieren, sie können systematische Lösungen anbieten, Schultheologie eben, aber sie können diesen Ijob nicht treffen und schon gar nicht heilen.

Hier begegnet uns das individuelle Schicksal des Menschen, der von allem, was ihm etwas bedeutet hat, verlassen ist. Ijob steht als prototypische Gestalt da mit den Assoziationen eines Abraham, als Großgrundbesitzer oder als nomadischer Stammesfürst mit großem Viehbestand und großem Besitz.

Wahrscheinlich ist das Ijobbuch in einer Zeit entstanden, in der die babylonische Herausforderung auch über die Nomaden des Südens herfiel, so daß der Autor ein Beispiel aus seiner Zeit greifen konnte. Wie dem auch sei, Ijob ist eine Gestalt, die im Umfeld der babylonischen Bedrohung eine Rolle spielt, die aber auch Israels Erfahrungen in einem konkreten menschlichen Beispiel aufs äußerste strapaziert, nämlich von allem Guten verlassen zu sein.

Wie steht dieser Ijob da? Ich möchte noch einmal zitieren, was am Ende der Rahmenerzählung über die Reaktion des Ijob gesagt wird, nachdem der letzte Bote gekommen ist, der Ijob die Schreckensnachricht überbringt, sprichwörtlich als „Hiobsbotschaft" bezeichnet, die da lautet (Ijob 1, 18–21):

Deine Söhne und deine Töchter waren beim Essen und Weintrinken im Hause ihres erstgeborenen Bruders, und siehe, ein großer Wind kam von jenseits der Wüste und stieß an die vier Ecken des Hauses, und es fiel über die jungen Leute und sie starben. Ich bin entronnen, nur ich, ich allein, um dir dies zu berichten. Da erhob sich Ijob und zerriß sein Obergewand und schor sein Haupt und fiel zur Erde und neigte sich und betete an. Dann sagte er: Nackt entkam ich dem Schoß meiner Mutter; nackt kehre ich dorthin zurück. Jahwe hat gegeben, Jahwe hat genommen; der Name Jahwes sei gepriesen!

Natürlich haben wir hier eine Erzählung vor uns, eine literarische Darstellung. Die Literatur zeigt eine außerordentliche Sensibilität für die Erfahrung und Reaktion des einzelnen angesichts der Bedrückung, des Leids und der Gewalt, die im Buche Ijob auf Gott zurückgeführt werden. Hier wird kein Mäntelchen umgehängt. Ja, man kann sagen, daß Ijob im Verlaufe seiner Auseinandersetzung geradezu zu einer Anklage seines Gottes vorstößt. Wie in der Erzählung vom „Schlagen" der Erstgeburt der Ägypter tritt auch in der Ijob-Erzählung eine Gestalt an der Seite Jahwes auf, die hier „Satan" heißt, aber nicht einfach mit unserem „Teufel" gleichgesetzt werden kann. Auch der Satan ist ein Versuch, die störende und aufstörende Aggressivität Gottes figürlich zu fassen, um zugleich die unzugängliche Souveränität Gottes vom Schatten des Bösen freizuhalten. Dennoch richtet sich der klagende Ijob nicht an den Satan, sondern an seinen Gott.

In der Rahmenerzählung wird von einem Aufbegehren Ijobs berichtet, aber nicht so, wie es Ernst Bloch versteht, wo sich ein Mensch sozusagen mit emporgereckter Faust gegen die Bedrohung von oben wehrt, sondern Ijob antwortet zunächst in körperlicher Reaktion auf das, was ihm geschieht. Es wird zunächst kein Wort übermittelt, das über seine Lippen kommt. „Er erhob sich, zerriß sein Gewand, schor sich das Haupt, fiel zur Erde, neigte sich und betete an." Ganz bewußt wird hier eine gesamtmenschliche Bewegung, das ganze Verhalten erfassende Schockwirkung dargestellt. Und erst dann sagte er:

Nackt entkam ich, und nackt kehre ich zurück.

Letzten Endes scheint mir darin eine Antwort auf die Erfahrung zu liegen, die mit dem Exil gegeben ist, mit Ijob in eine Persönlichkeit hineinversetzt und stellvertretend von dieser Persönlichkeit erlebt wird. Alles, was Israel an Negativerfahrung machen mußte, potenziert sich in dieser Gestalt. Wieviele „Ijobs" hat es nicht in der Geschichte des Judentums gegeben? Die Antwort, die Ijob gibt, ist vielleicht auch die Antwort, die auf die deuterojesajanische Vorstellung vom Gott des Bildens von Licht und des Schaffens von Dunkelheit gegeben werden kann.

Jahwe hat gegeben, Jahwe hat genommen...

Es bleiben beide Grunderfahrungen bestehen, ohne daß man sie zur Deckung bringen kann. Auch die raffinierteste Theologie vermag das nicht, keine Vorsehungslehre kann über diese Gotteserfahrung hinweghelfen.

Daß dennoch Gott ein zu Preisender sei, ist in das Bewußtsein Israels und des Judentums tief eingegangen, wovon wir Christen viel stärker beeindruckt werden sollten. Es wird hier die immer wieder zitierte Grundidee angesprochen, die doch so befremdlich und schockierend ist, daß man angesichts des unendlichen Leidens z. B. in den Konzentrationslagern dennoch sagen kann, daß Gott ein zu Preisender sei.

Einen eindrucksvollen Widerhall bietet das auf rabbinische Glaubenstiefe zurückgehende Nebeneinander von äußerster Betroffenheit und Preisung Gottes in einem Zitat aus dem Schlußteil des Romans „Der Letzte der Gerechten" von André Schwarz-Bart. Ein gläubiger Jude betet angesichts des nahe bevorstehenden Todes:

Und gelobt. Auschwitz. Sei. Majdanek. Der Ewige. Treblinka. Und gelobt. Buchenwald. Sei. Mauthausen. Der Ewige. Belzec. Und gelobt. Sobibor. Sei. Chelmno. Der Ewige. Ponary. Und gelobt. Theresienstadt. Sei. Warschau. Der Ewige. Wilna. Und gelobt. Skazysko. Sei. Bergen-Belsen. Der Ewige. Janow. Und gelobt. Dora. Sei. Neuengamme. Der Ewige. Pustkow. Und gelobt...

Ich habe diese provozierende Idee einmal eine idiotische Zweigleisigkeit genannt, daß man beide Erfahrungen des nahen und fernen Gottes vor sich hat und trotzdem bereit ist, diesen Gott zu loben. In der jüdischen Theologie ist solches Gedankengut fest verankert, und tiefgehende Reflexionen bis in die jüngere Zeit zeigen, daß das Judentum gerade diese scheinbare und auch wirkliche Konfrontation im Gottesbild auszuhalten versucht.

Die Antwort des Christen darf eine solche Polarität im Gottesbild nicht einfach überlagern und mit einer Kreuzesmystik überdecken. Es ist nicht hilfreich, zu Vorstellungen Zuflucht zu nehmen, die die Grunderfahrung des nahen und fernen Gottes nicht aushalten oder systematisch übertünchen wollen. Ich denke auch, daß wir Jesus nicht gerecht werden, wenn wir seinen Tod sozusagen instrumentalisieren als ein Opfer für die Vielen;

ich halte das für problematisch. Wir sollten darüber nachdenken, ob diese Formulierung nicht im Interesse Jesu weitergeführt und weiterinterpretiert werden müßte. Ich rede nicht einer Abschaffung von Formulierungen das Wort, sondern wir müssen die Theologie, die Betrachtung weitertreiben. Die Theologie muß in Bewegung sein und bleiben!

Meiner Meinung nach sah sich auch Jesus mit dem fernen und nahen Gott konfrontiert, wie jeder, der mit der Tora des Judentums vertraut gewesen ist. Wahrscheinlich hat Jesus auch Deuterojesaja reflektiert, wo merkwürdige und zunächst nicht miteinander vereinbare Phänomene beschrieben werden: Kyros, der Fremdherrscher wird von Gott profiliert, und wenig später hören wir, daß dieser gleiche Gott den leidenden Gottesknecht herausstellt, das pure Gegenteil des Fremdherrschers.

Die Vorstellung vom leidenden Gottesknecht — Inbegriff Israels selbst, die Propheten eingeschlossen — zeigt an, daß jeder, der mit Gott zu tun hat, auch in tiefste Tiefen gezogen werden kann und nicht nur auf der Welle einer Hochstimmung des Glaubens schwimmt. Gerade den Erwählten kann der Anspruch Gottes besonders treffen, er kann die Ferne Gottes leidvoller spüren als die Nähe. Alle, die um ein Gottesverständnis ringen, werden das bestätigen. So ist der Appell an den „Einen und Einzigen" nicht bloß eine monotheistische Verkrampfung, sondern das Bekenntnis, daß die überdimensionale, alles umgreifende Wirklichkeit Gottes Abstand und Nähe zugleich bedeutet. Der jüdische Gottesbegriff steht auf keinem anderen Niveau als der christliche und umgekehrt. Wir Christen müssen genauso mit einem Gott „rechnen", dessen Souveränität vollkommen andere Wege geht, als unsere Vorstellungen es wahrhaben möchten. Unsere Idee von der Güte Gottes ist geprägt von unseren Vorstellungen von Güte und Menschenfreundlichkeit, und die sind immer fragmentarisch. Die Güte Gottes kann ganz kontrovers ausfallen, und das gütige, menschenfreundliche Angesicht Gottes kann Narben haben, die wir nicht als freundlich oder anziehend empfinden. Diese sicher schmerzliche Gewißheit müssen sich die Christen unserer Tage wieder stärker einprägen, denn wir haben uns zu sehr darauf eingestimmt, nur einen Gott zu akzeptieren, der es — äußerlich gesehen — so gut mit uns meint, wie wir es gerne hätten. Ein solches Denken aber ist Götzendienst.

5. Die bleibende Provokation

Wir kommen zu einem vorläufigen Ende unserer Überlegungen. Es bleibt uns nicht erspart, das anstößige Material aus der Bibel zur Kenntnis zu nehmen, wir sollten es aber nicht aufrechnen gegenüber Aussagen, in denen wir von dem nahen und barmherzigen Gott erfahren. Grundsätzlich sollte gelten, daß wir die Seiten Gottes nicht in dem Sinne miteinander vergleichen, wie wir sonst Vergleiche anstellen. Ebensowenig dürfen wir von einer Janusköpfigkeit Gottes oder gar einer Zerrissenheit der göttlichen Wirklichkeit sprechen. Das sind alles unzureichende Begriffe. Vielleicht können wir uns eher damit helfen, wenn wir wahrnehmen, uns hineinfinden und es aushalten, daß dieser Gott sich selbst mit dem „Chaos" auseinandergesetzt und sich von ihm distanziert hat, daß er aber auch immer wieder diese rätselhafte „connection" zur Sprache bringt und wirksam sein läßt, ohne daß es Menschen gelingen wird, diese abgründige Tiefe auszuloten.

Abrahamitische Existenz

Ich möchte zuletzt einen Brückenschlag zum Neuen Testament hin versuchen. Zwar beginne ich nicht mit einer neutestamentlichen Gestalt, sondern mit der alttestamentlichen Gestalt des Abraham, die ja im Neuen Testament mehrfach zitiert wird. Abraham kommt mir heute in zweifacher Weise in den Sinn. Die Interpretation von Gen 22, die Opferung Isaaks, im christlichen Umfeld läßt immer wieder erfahren, daß die prototypische Eigenheit der Erfahrung Abrahams vom Publikum nicht so leicht übernommen oder geteilt wird. Da kann man Meinungen hören, das Leiden der Mutter Jesu sei doch viel intensiver gewesen als das des Abraham. Man könne sich ja gar nicht vorstellen, was es heißt, in Jesus den Sohn Gottes zu verlieren. Wir verstehen, was damit gemeint ist: das Leiden des Alten Testaments oder das Leiden des Abraham und vieler anderer Gerechter wird im Hintergrund gelassen, um das Leiden Jesu, die Passio Domini, über alles zu setzen. Eine immer wieder erfahrbare christliche Versuchung. Ich bin nicht gern bereit, diese Trennung zu vollziehen und das Leiden Christi über das Leiden der alttestamentlichen Gerechten zu setzen. Ich glaube, dazu fehlt uns das Recht. Schließlich haben wir es ja nicht mit einem verstorbenen Israel zu tun, sondern mit dem lebendigen Judentum, das sich an die Gestalten seiner leidenden Gerechten hält, die nach wie vor für Israel und seine Identitätsfindung paradigmatischen Charakter haben. Die leidenden Gerechten von einst kehren wieder in den Opfern der gewalttätigen Exzesse bis in unsere Tage. Man denke nur an das jüngste Massaker in Tel Aviv, aber auch noch an den schrecklichen Anschlag eines jüdischen Siedlers in der Höhle von Machpela in Hebron, wo die Erzväter und Erzmütter in Scheingräbern bestattet sind — ein Heiligtum, das Muslimen und Juden gleichermaßen bedeutsam ist. Ein solches Fanal im Namen und in Gegenwart des Erzvaters Abraham! Leider muß man immer wieder damit rechnen, daß gerade Abraham, der für drei Weltreligionen paradigmatischen Charakter hat — denn der Vater Abraham / Ibrahim ist ja für Juden, Muslime und Christen ein solches Urbild des radikal Glaubenden geworden —, offenbar auch eine solche Herausforderung darstellt, die immer wieder in ein schreckliches Gegeneinander geführt hat. Der unter Gottes Zumutung stehende Abraham mutet seinen Nachfahren allerhand zu!

Der gekreuzigte Gerechte

Damit haben wir das Schicksal Jesu bereits angesprochen. Ihm ist es ja nicht anders ergangen. Sein Weg des leidenden Gerechten hat auch Christen gegeneinander aufgebracht. Über die Jahrhunderte hinweg beobachten wir diese radikale Konfrontation und müssen sie leider zur Kenntnis nehmen. Es gibt diese eigenmächtige Berufung auf den Stifter in konfessionellen Streitigkeiten; denken wir an Nordirland, an das ehemalige Jugoslawien und unzählige andere Konflikte in vielen Teilen der Erde. Wieviel Mißbrauch ist nicht mit dem Namen des Jesus von Nazaret getrieben worden? Ein Mißbrauch im Namen Gottes, des Allmächtigen und seines Sohnes. Ich will dem nicht im einzelnen nachgehen. Die Kirchengeschichte ist in vieler Hinsicht eine fortgesetzte Leidensgeschichte, sie ist aber auch nicht dazu da, zu einer Kriminalgeschichte gemacht zu werden, wie man das hie und da versucht hat. Selbstverständlich sind die Hochs und Tiefs in einem nicht auszumachenden Neben- und Nacheinander spürbar.

Die Rätselhaftigkeit Gottes neben seiner unglaublichen Nähe und Barmherzigkeit ist wohl das Problem, das alle, die mit Gott zu tun haben, in den verschiedenen Religionen bedrängt und ihnen immer zu schaffen machen wird. Dabei geht es ja nicht um ein ausgewogenes Urteil, sondern im Prinzip darum, daß der primäre Anspruch Gottes, den Menschen nahe sein zu wollen, von der Menschheit in Solidarität aufgenommen und verwirklicht wird, daß zugleich aber die dunkle Seite, die der Mensch nicht erfahren kann, solange er lebt und sein Geschöpfsein bedenken muß, ausgehalten werden muß in eben dieser Solidarität der Menschen untereinander. Die Treue gegenüber Gott ist ja nicht ein sklavisches Ja-Sagen, sondern Treue ist auch verbindbar mit einem Rechten, oder besser gesagt: mit einem sich Auseinandersetzen mit Gott. Das widerspricht sich nicht, wie das Beispiel Ijobs zeigt, der in einer permanenten Herausforderung nicht ein sklavischer Dulder, aber auch nicht ein Rebell mit erhobener Faust wird, sondern jemand, der in der Festigkeit seines Glaubens anklagen kann. Nur solch einer ist wohl in der Lage und berechtigt dazu, anzuklagen, weil diese Klage ihn nicht verdirbt oder vernichtet, sondern ihn im Gespräch, in der Auseinandersetzung mit seinem Gott läßt. Er läßt nicht ab von seinem Gott, so wie Jakob in seinem Streit mit Gott nicht von ihm abgelassen hat. Wir haben ja die Erzählung vom Gotteskampf am Jabbok bereits bedacht. Der eine läßt nicht vom anderen. So ist es auch bei Ijob, und so ergeht es allen glaubenden Menschen.

Schauen wir etwas näher zu. Wie ergeht es dem Jesus von Nazaret? Es sei nur daran erinnert, daß wir das, was mit Jesus geschieht, nicht von dem riesigen Arsenal der Gestalten und Botschaften loslösen können, die das Alte Testament aufbietet. Der leidende Gerechte, der Dulder, der Klagende, der leidende Gottesknecht — damit sind die Konturen vorgezeichnet, die den neutestamentlichen Schriftstellern die Wege zeigen, wie sie diesen Jesus darstellen können, und zwar mit den Interpretationsmustern, die das Alte Testament bereithält. Der Kreuzweg Jesu ist weithin unter dem Deutungsmuster des leidenden Gerechten und des Gottesknechts zu sehen. Doch dies ist nicht das einzige Muster: Ebenso weist der ungerecht verfolgte Prophet ein weiteres Muster des Alten Testaments und des Judentums auf, unter dem die Gestalt und das Schicksal Jesu gesehen werden.

Das Ende des Lebensweges Jesu gehört aber dennoch zu den Geschehnissen, die uns, die wir doch so sensibel in bezug auf Menschlichkeit und Unmenschlichkeit geworden sind, zu schaffen machen. Wie kann das Leiden und die Kreuzigung dieses Jesus von Nazaret im Willen Gottes verborgen sein, um die Menschheit zu retten? Eine Frage, die heute sehr aktuell ist. Kann dieser Gott überhaupt so gedacht werden, daß er um der Menschen willen seinen Sohn opfert und dem Kreuz überläßt? Was ist das für ein Gott? Unsere spontane Antwort lautet wohl zunächst: Ein liebender Vater tut das nicht, es ist mit unserem Bild vom gütigen und barmherzigen Gott absolut unvereinbar, daß er seinen Sohn zum Kreuz schickt. Obwohl auch frühere Generationen darüber nachgedacht haben, ist es in unseren Tagen eine besondere Herausforderung, dem paulinischen Thema und Bekenntnis zu folgen, daß Jesus „für uns" gekreuzigt worden sei. Hat Gott das wirklich nötig?

Ich glaube, wir müssen diese Frage von allem lösen, was publikumswirksam und öffentlichkeits- oder beifallheischend aussieht. Solche zutiefst die Existenz berührenden Fragen lassen sich nicht auf dem Markt verhandeln, auch nicht in irgendwelchen

Diskussionsrunden, die das Pro und Contra unter das Urteil der Zuhörer stellen. Hinter all den uns so irritierenden Aussagen stehen ganz andere Traditionen, nämlich die, die wir schon angezeigt haben. Es geht darum, daß der Erwählte oder der Gerechte seine Erwählung nicht als Bevorzugung begreift und daß die Gestalt des Erwählten deutlich vor Augen führt, daß es sich hier nicht um eine simple Bevorzugung unter den Menschen handelt, sondern daß dieser Gerechte in die Tiefen hinabgeführt, ja sogar hinabgestoßen wird. In diesem Jesus passiert etwas, was schon dem leidenden Gottesknecht bei Deuterojesaja zugemutet wird. Er ist und bleibt der Erwählte, und trotzdem geht er den untersten Weg und wird wie ein Lamm zur Schlachtbank geführt. Diese Bildrede ist konstitutiv für das, was die Passionsgeschichte über das Geschehen um Jesus vorträgt.

Wie Jesus selbst in seinem Bewußtsein sein Schicksal, sein Ende gespürt, begleitet und reflektiert hat, wissen wir nicht. Möglicherweise hat er es in Kauf genommen, wie ein Prophet Jesaja oder Jeremia in Kauf nehmen mußten, daß man sie nicht akzeptiert hat und mit ihnen auf unmenschliche Weise verfuhr. Wir können aber auf gar keinen Fall ein Geheimwissen unterstellen, daß Jesus also etwa als Sohn Gottes genau gewußt hätte, wie sein Ende aussehen würde. All das ist illusionär. Nein, Jesus wird nach dem Bild, nach dem existentiellen Modell eines Erwählten und eines Gerechten proklamiert und vorgestellt, zu dessen Schicksal eben die Verfolgung und das Ausgesondertsein bis hin zur Eliminierung gehören. Darum ist es nicht angemessen, über diesen Gott, der bereits dem alttestamentlichen Gerechten eine solche Herausforderung zumutet, weiter zu richten oder zu debattieren. Die Verbindungslinien sollte man bedenken und Jesus nicht isolieren und abgrenzen von den leidenden, gerechten und verfolgten Propheten des Alten Testaments. Ihm widerfährt in der Reflexion genau das, was Erwählte erfahren müssen.

Das macht uns das Bild Gottes nicht durchsichtiger und leuchtfähiger, weil auch da in ungeheurer Schärfe die rätselhafte Seite Gottes durchschlägt bei allem, was in der Person Jesu an ungeheurer Liebenswürdigkeit und Barmherzigkeit Gottes offenbar wird.

Menschenfreundlichkeit Gottes ist eben nicht definierbar. Wir müssen immer wieder feststellen, daß unsere Definitionsmöglichkeiten ihre Grenzen haben, so daß wir nicht einfach sagen können: das ist Menschenfreundlichkeit, das ist human. In diesem Sinne ist Gott nicht human. Er ist allerdings auch nicht jenseits von Gut und Böse. Aber all unsere Versuche, dieses unendliche und so verborgene Licht zu beschreiben, sind hilflos.

Dieses Phänomen sehen wir auch in der Religionsgeschichte sehr tief verankert. Wir brauchen nur in die altehrwürdige Religion der Ägypter hineinzuschauen, wo von Gott gesagt wird, daß er mit dem Chaos gewissermaßen vertraut ist, es aber überwindet. Er „entwächst" (E. Drewermann) dem Chaos. Diese Formulierung trifft den Sachverhalt. Das göttliche Leben entwächst dem Tod, Gott kennt das Chaos, er weiß es „wegzuordnen". Das ist das Provozierende, und der Mensch, der auf der Suche zu diesem Gott hin ist, wird nicht daran vorbeikommen, diese rätselhafte Art göttlichen Lebens und die dunkle Seite des Gesichts Gottes wahrzunehmen.

Natürlich kann man jetzt das Leiden Christi „für uns", den Tod Christi „für uns" als Zeichen der unergründlichen Liebe Gottes zum Menschen interpretieren. Diese Deutung darf aber nur auf einer Ebene geschehen, die existentiell miterlebt oder mitgefühlt werden kann. Sie darf nicht eine dogmatische Wahrheit oder eine abgehobene Lehre um ihrer selbst willen bleiben. Hilfreich ist es sicher, wenn wir wenigstens herausschälen können, daß dieser Gott selbst daran leidet, daß er mit dem Chaos zu tun hat, so wie der alttestamentliche Gott es sich gereuen ließ, wenn es zu „toll" bei den Menschen lief. Die Reue Gottes ist ein wesentliches Element der Gotteslehre im Alten Testament. Es gereute Gott, daß die Gewalt vor der Tür stand, daß es Menschen schlecht erging. Daß Gott angesichts der Gewalt und der Bedrohung ein mitfühlender Gott ist, daß er mit den Menschen mitleidet, ist ein ungewohnter, aber notwendiger Gedanke. Selbsterniedrigung Gottes hat nichts mit Autoritätsverlust zu tun, so wie der sogenannte Philipperhymnus: „Er entäußerte sich und wurde wie ein Sklave und den Menschen gleich... Er erniedrigte sich und war gehorsam bis zum Tod, bis zum Tod am Kreuz" (Phil 2,7f) niemals die Autorität Gottes untergräbt oder in Rivalität setzt zu der Vorstellung von dem unendlich nahen, liebenswürdigen Gott, der sich der Sache des Menschen annimmt und das Schicksal des Menschen teilt. Wir können diese divergierenden Seiten Gottes nicht in einer systematischen Weise auf einen Nenner bringen. Jede lehrhafte Distinktion und Zusammenschau hilft da nicht. Der Glaubende darf sich demütigerweise bewußt sein, daß Gott mit ihm leidet, daß er zugleich seine Erhabenheit nicht preisgibt, wenn er sich die Sache des Menschen zu eigen macht. Dieses Bewußtsein schafft Solidarität unter den Glaubenden, weshalb Glaube niemals nur eine Sache eines Individuums ist. Die Gefahr dazu ist groß, wenn wir das individuelle Glauben so hoch hängen, wie es z. Zt. gern getan wird. Das kollektive, solidarische Glauben ist mindestens ebenso wichtig. Wir müssen diesen Gemeinschaftsbezug so verstehen, daß Gott auf seine Weise auch eine Gesellschaft, nicht nur das Individuum befreien kann, also auch unter Opfern, wo möglicherweise Menschen auf der Strecke bleiben, so hart das auch auszusprechen ist.

Unsere Gedanken zur Passio Domini sind vielleicht ein Fingerzeig, wie wir mit diesem zentralchristlichen Problem zurechtkommen können. Es wird ja nicht übertüncht durch den Glauben an die Auferstehung. Zumindest sollte das nicht geschehen. Das Kreuz, das durchkreuzte Leben, ist eine Realität, die auch vor Gott einen Stand gewinnen darf und muß, eine Realität, die von der Intelligenz und der Rationalität nicht durchleuchtet werden kann.

Das unvermeidliche Gericht

Ein weiteres Problem tut sich im Neuen Testament in der Rede von den Geschehnissen am Ende der Tage auf. Jesus hat möglicherweise in Bahnen gedacht, die der Apokalyptik nahestehen, ohne ihn deshalb gleich zu einem Apokalyptiker zu stempeln. Jesus ist zunächst ein Prophet und geht in den reformerischen Bahnen der Zeit, welche eine neue Orientierung, ein neues Bewußtsein schaffen wollen, das den Gott Israels erneut in den Mittelpunkt stellt. So ist eine radikale Neuorientierung auf Jahwe hin das Programm Jesu. Wir finden bei ihm aber schon in den Logien, in den „ipsissima verba", apokalyptische Züge vor, wie etwa die Rede vom Menschensohn.

Was geschieht am Ende der Tage? Kommen wir mit einem so gestrengen Gott oder einem Menschensohn auf den Wolken des Himmels zurecht, der daran geht, die Gerechten zur Rechten und die Bösen, die Ungerechten zur Linken zu versammeln und die Ungerechten in die Unterwelt, in die Hölle zu stoßen, wo Heulen und Zähneknirschen ist, wie das Bildwort sagt? Diese Weltgerichtsvorstellung hat in der abendländischen Reflexion eine Geschichte, nicht zuletzt in der Kunst. Denken wir an die vielen Szenen des Weltgerichts, wo der Pantokrator in der Mitte thront, die Gerechten und die Ungerechten zu beiden Seiten stehen, wobei die Gerechten merkwürdigerweise vom Betrachter aus den rechten und die Bösen den linken Platz einnehmen.

Um diese bildliche Anordnung verstehen zu können, müssen wir in die Religionsgeschichte schauen. Die rechte Seite hat immer wieder die Qualität des Positiven zuerkannt bekommen. Auch in diesem Fall haben die Ägypter eine gehörige Portion „Schuld" daran. Für die Ägypter ist die rechte Seite — da sie nach den Quellen des Nils hin orientiert sind und nach Süden schauen — der Westen, dort, wo die Sonne untergeht und die Toten bestattet sind. Da spielt sich das neue Leben ab, die Regeneration kommt aus dem Westen. Die linke Seite ist zwar die Seite des Sonnenaufgangs, aber zugleich die Seite der gefährdenden Potentiale und der Feinde, die den Sonnenaufgang behindern wollen. Rechts und links haben also eine religionsgeschichtliche Dimension und sind nicht Zeichen der Konvention und der Höflichkeit.

Sitzen „zur Rechten Gottes" ist ebenfalls ein solches Theologumenon mit religionsgeschichtlicher Vergangenheit. Sitzen „zur

Rechten Gottes" heißt also, an auserwählter Stelle Platz zu nehmen, so wie der König zur Rechten der Gottheit Platz nimmt. Dafür gibt es vielerlei textliche und ikonographische Belege.

Wir müssen diese religionsgeschichtlichen Vorgaben im Hintergrund unserer Überlegungen behalten und weiterhin mitbedenken. Trotzdem ist es eine gewaltige Herausforderung für uns, daß es zu einer solchen spektakulären Aktion, wie sie uns die Apokalyptik ausmalt, kommen soll, daß die Gerechten von den Ungerechten getrennt werden. Hat Gott es nötig, daß er ein Höllentheater veranstaltet und die Ungerechten in dieses Schicksal hineinzwingt?

Die Apokalyptik hat mit dem Erbe der religiösen Vorstellungen zu tun, und sie liegen im Zuge der Zeit und wollen als Bilder verstanden werden, letzten Endes dafür, daß die Entscheidungskraft bei Gott alle Maßstäbe, die irdisches Gericht regeln, übersteigt, daß Gott, allein Gott, die Möglichkeit hat, zu definieren, was gerecht und was ungerecht ist.

Im Tympanon des sogenannten Paradiesportals des Bamberger Doms kann man beispielsweise, wie bei vielen solchen Darstellungen, Christus in der Mitte und links die freundlich lächelnden Seligen und auf der rechten Seite sogar kirchliche Würdenträger erkennen. Im künstlerischen Ausdruck ist vieles möglich, was sonst nicht möglich erscheint, da dem Künstler manchmal ein gewisses Vorwissen oder ein Überschuß in der Beschreibung zu eigen ist. In dieser künstlerischen Weise konnte man selbst im Mittelalter deutlich machen, daß Gott selber entscheidet, was gerecht und was ungerecht ist. Das ist entscheidend. Es geht um den schöpferischen Akt der Teilung, der Trennung, der schon im Schöpfungstext eine Rolle spielt. Schöpfung wird dadurch, daß geteilt wird. Das Teilen, das Differenzieren ist eine außerordentlich diffizile Angelegenheit, die in Gott verborgen ist. Das Scheiden-Können, das Unterscheiden-Können, ist den Menschen gar nicht oder nur ansatzweise und bruchstückhaft gegeben. Gott kann auf seine Weise unterscheiden zwischen Gut und Böse, wobei es ein Urbedürfnis der Menschen zu sein scheint, es diesem Gott gleichzutun.

Vielleicht helfen diese Gedanken ein wenig, die uns ebenfalls befremdende Rede vom gewalttätigen Gott am Ende der Zeiten zu verstehen, diese apokalyptische Vorstellung vom Endgericht oder vom Jüngsten Tage. Ein Bild natürlich, oder mehr noch, eine Ikone für das, wozu Gott fähig ist: Er allein kann scheiden und unterscheiden, er allein bestimmt, was gerecht ist.

Wir sind jetzt, ohne alle Problemfälle bedacht zu haben, zu einem vorläufigen Durchstieg gekommen. Es findet sich sehr viel anscheinend und scheinbar Inhumanes in der Bibel, die Aufdeckkung, die Entlarvung von Gewalt, ja sogar ein Ernstnehmen des Menschen, der unter dem gewalttätigen Gott leidet. Im gleichen Atemzug werden wir aber auch in das Mysterium dieses Gottes hineinbegleitet, an dem der Mensch Anteil hat.

Ich denke, als Empfehlung aus dieser kritischen Bibellektüre — die uns die Herausforderungen, die wir da lesen, ja nicht erledigen oder wegstecken läßt, im Gegenteil auch nachfolgende Generationen noch beschäftigen wird — bleibt am Ende, daß wir vielleicht doch nicht zu selbstverständlich mit dem „lieben" Gott umgehen. Nicht, daß ich sagen würde: „wider den lieben Gott"! Aber diese allzu selbstverständliche Form, Gott im Gebetsleben und in der Liturgie zu vereinnahmen, sollten wir doch auch befragen, ob nicht diesem Gott ein anderer Ton angemessen ist. Vielleicht bleibt uns am Ende neben dem Loben auch das Klagen und neben dem Klagen das Loben, so daß das eine das andere nicht ausschließt und das eine ohne das andere nicht geht. So können wir möglicherweise einen Weg gewinnen, in Solidarität miteinander und mit allem Geschaffenen den unzugänglichen und trotzdem unglaublich nahen Gott mit seinem rätselhaften Gesicht auszuhalten.

Epilog und Bekenntnis

Sing. Sing.
Erhebe bis zum blinden Himmel deinen Blick,
Als lebte Gott
im Himmel. Winke! Warte auf des Himmels Wink,
Als leuchtete
uns Hoffnungslosen noch im Himmel Glück.
Dann: setze dich
auf Knochenreste Ausgerotteter. Und sing. *

---

* Aus Jiszchak Katzenelson, Das Lied vom letzten Juden! Nachdichtung aus dem Jiddischen von Hermann Adler, in: E. Lau – S. Pampuch (Hg.), Draußen steht eine bange Nacht. Lieder und Gedichte aus Konzentrationslagern, Frankfurt am Main, 1994, 25–29.

Biblisches Gottesbild nach Auschwitz?

So sehr es auch als Zumutung empfunden werden mag — die christliche Rede von Gott kann nicht mehr ohne die in das Gedächtnis eingeschriebene Erinnerung an das einschneidende Geschehen auskommen, das sich mit den mittlerweile üblichen Ausdrücken „Holocaust" und „Schoah" verbindet, obwohl beide Bezeichnungen nicht das erreichen, was sich an Unmenschlichkeiten durch Menschenhände ereignet hat. Auch die Schriftauslegung wird nicht mehr ohne den Blick auf „Wolkensäule und Feuerschein" auskommen, der die Erinnerung an die millionenfache Vernichtung jüdischen Lebens in den „Todesfabriken" der Nazizeit zum Kriterium im Umgang mit dem Grunddokument des Judentums macht. Auf dem Hintergrund dieses grausigen Erfahrungspotentials die Frage nach Gott neu zu stellen, erscheint als eine Pervertierung der Gottesfrage selbst. Hat sich Gott hier nicht unmißverständlich mit einem Defizit präsentiert, das seiner Omnipotenz einerseits und seiner Geschichtsmächtigkeit andererseits Hohn spricht? Ist Gottsuche daher nicht müßiges Nachklappern hinter dem schon längst Erledigten? Gilt nicht nunmehr in extremem Maß, daß alle Rede von Gott nach Auschwitz Makulatur sei, wo doch schon die Legitimation zu einer sprachlichen Reflexion ausbleibe?

Vielleicht gilt auch für die Rede von Gott nach Auschwitz, daß das Unsagbare und Unsägliche ausgesprochen werden muß, um ein noch vermittelbares Gottesbild mit Konturen zu versehen. Der Glaube an Gott, dessen Boden nach Augenzeugen des Schrecklichen unter den Füßen wegrutschen konnte, bedarf einer radikalen Revision und Transformation, weil nur so die Chance besteht, ein ungeschminktes Gottesbild zurückzugewinnen. Jede Rede vom „lieben Gott", die den religiösen Menschen und sein Gottesbild in traditionellen Bahnen beläßt, ist nach diesen Erfahrungen passé. Wenn ein Überlebender bekennen kann:

Erst, wenn ich sage, was ich sah,
Erst, wenn ich schreibe, was geschah,
Bin ich vom Schmutz gereinigt. (Karl Schnog)*

dann kann auch der Gläubige, der sich seinen Glauben nicht nehmen lassen will, nicht anders, als seine Frustration über den Gottesverlust, ja den Tod Gottes in jener Zeit von seiner Seele zu reden.

So muß sich jeder Christ auf dem Hintergrund kollektiven und individuellen Versagens des abendländischen Christentums in den Stunden der Herausforderung bewußt sein, daß er sein spezifisches Reden von Gott der Vorgabe und Begleitung durch jüdisches Reden von Gott verdankt, wie dies mit dem Juden Jesus unabweislich präsentiert worden ist. Jesu Rede von und an Gott ist daher ein Orientierungspunkt, der die Vergegenwärtigung und die lebendige Solidarität mit jüdischem Sprechen zu und über Gott einschließt und immer wieder einfordert. Jesu Rede von Gott ist zutiefst im Gottesverständnis des Alten Testaments verwurzelt; nicht nur die Ehrfurcht vor dem majestätischen Schöpfergott, sondern gerade auch die Anrede Gottes als liebender und barmherziger Vater ist im Judentum fest verankert zu Hause. In dem Zueinander und Ineinander beider Perspektiven liegt freilich auch das Problem, das die menschliche Verstehensebene grundsätzlich transzendiert.

Eine Neubetrachtung des Zeugnisses der jüdischen Bibel darf und muß sich den befremdlichen Gottesbildern in erster Linie stellen, ohne irgendeine Art von Schönfärberei zu betreiben. Insbesondere darf der Gott, der Gewalt zuläßt, ja selbst gewalttätig erscheint, nicht zu einem Götzen zerredet werden, dem nur das eignet, was der christlich verbrämte Mensch wünscht. Denn

---

* Aus dem Gedicht „Nackte Aussage", in: E. Lau — S. Pampuch (Hg.), Draußen steht eine bange Nacht. Lieder und Gedichte aus Konzentrationslagern, Frankfurt am Main, 1994, 62.

das wäre purer Götzendienst, eben jenen Gott mit dem Charakter und den Zügen eines liebenden Wesens zu versehen, das so liebt, wie sich Menschen Liebe ersehnen oder erträumen. Der ganz Andere kommt nicht zum Vorschein, wenn er dies je tut, wenn man seine Verborgenheit und Rätselhaftigkeit nicht wahrnimmt.

Der hinrichtende und aufrichtende Gott

Das Bild des „hinrichtenden" und „aufrichtenden" Gottes ist ein Erbstück aus der Glaubensgeschichte Israels. Die irritierende Kontrastierung ist ein Charakteristikum der Überlieferungen zum Wesen und Wirken Jahwes, dessen Name selbst bereits sowohl der unberechenbaren Souveränität wie auch der aufdringlichen Präsenz in der Geschichte entspricht. Jahwe ist eben der nahe und ferne Gott, der sich nicht ohne weiteres in das Vorstellungsbild von den Reichs- und Staatsgöttern ringsum im Alten Orient einfügen läßt, selbst als er vom Bezugsgott der Nomadensippe über den Bundesgott zum Nationalgott Israels „geworden" war. Hier nämlich gewann er sein Profil vor allem durch die unvergleichliche Erhabenheit seines Königtums, das ihn zum überzeugenden Garanten wahrer Sicherheit und so zur bleibenden Alternative für jede irdische Instanz werden ließ. Der in Jes 7,9 geforderte Glaube als ein „Sich-Festmachen" in Jahwe vermag allein den eigentlichen Bestand Israels zu sichern. „Sich-Festmachen" in Jahwe bedeutet aber auch eine absolute Bindung an den geschichtsmächtigen Gott, der bei kontinuierlicher Omnipotenz stets seine Kompetenz zur Gestaltung menschlicher Wege wahrnimmt.

Paradoxe Exempel

Die augenfällige Ambivalenz wird in Erzählungen wie im Kapitel von der Opferung Isaaks deutlich (Gen 22), wo der „Gott Abrahams" seinen Schützling auf eine unerhörte Probe stellt. Das allgemein praktizierte Kindesopfer wird in seinem anstößigen Charakter nochmals potenziert, indem Abraham sein eigenes und einziges Kind darzubringen hat, ein Opfer, das nicht nur die angestammten Beziehungen und Werte (vgl. Gen 12,1), sondern die Zukunft schlechthin aufs Spiel setzt. Abraham wird mit einem Gott konfrontiert, der die Hoffnungen des Menschen in unübertrefflicher Härte einfordert, am Ende aber doch als Retter und Garant künftiger Lebensfülle erscheint. Auch hier geht es um das Postulat der Überantwortung und Selbstauslieferung an den letzthin unbekannten Gott in Form der Gottesfurcht, wie sie in der weisheitlichen Literatur als Anfang und Ende des Lebenswissens und vom Prediger Kohelet gar als Grundhaltung eingefordert wird im Respekt vor dem fernen Gott, der „das Flüchtige aufsucht" (Koh 3, 15).

Gottesfurcht umschließt die Anerkenntnis des fürsorglichen wie des rätselhaft-verborgenen Gottes, dessen Eingreifen immer wieder auch als Vergewaltigung des Menschen erfahren wird. Welche tragische Verstrickung offenbart sich im Schicksal des Richters Jiftach, der sein Versprechen damit einlösen und seinen Sieg damit bezahlen muß, daß er in die Opferung seiner eigenen Tochter, wiederum seines einzigen Kindes, hineingetrieben wird (Ri 11)! Ein Gott, der zunächst zum Erfolg verhilft, dann aber in brutaler Weise in die Pflicht nimmt — die umgekehrte Variante der Erzählung von Isaaks Opferung. Beidemale tritt neben der lebensfördernden Seite Gottes die lebensgefährdende, ja tötungswillige Seite lähmend und schockierend vor Augen. Ist ein solcher Gott überhaupt vermittelbar?

Der klagend-dankende Psalmist

Unter den zahlreichen Psalmen, die der unverhüllten Klage vor Gott das Wort geben, ist sicher der 22. Psalm der bekannteste, nicht zuletzt wegen seines „Stimmungsumschwungs" am Ende auch einer der rätselhaftesten Texte. Wie auch immer der literarische Weg bis zur jetzigen Fassung zu beschreiben sein wird, die Diskrepanz zwischen der Klage und der ab V. 23 folgenden Dankesäußerung bleibt dem Grundpsalm erhalten und nach wie vor schwer erträglich. Doch ist auch hier nichts anderes als ein kontrastives Bild erfahrbar: der Gott der Verlassenheit ist auch der Gott der Errettung und umgekehrt. Die Spaltung in der Gotteserfahrung macht bereits der Anruf in V. 1 programmatisch und mit aller Schärfe sichtbar: „Mein Gott" — Ausdruck tiefster Intimität — „warum hast du mich verlassen?" — Ausdruck grenzenloser Distanz. Beide Gesichter spiegeln die göttliche Wirklichkeit, wie sie seitens der Geschöpfe immer als eine zerrissene erlebt werden wird. Ist dies auch die Wirklichkeit Gottes selbst: Muß er als der im Prinzip ambivalente Gott gelten?

Dieses Problem bleibt ungemindert auch im Neuen Testament erhalten und für christliche Ohren eine ungeschmälerte Provokation, da auch dem Juden Jesus das Psalmwort in der Zeit seiner äußersten Bedrängnis in den Mund gelegt wird (Mk 15,34; Mt 27,46). Jede wechselnde Gewichtung im Verhältnis von Tod und Auferstehung ist unangemessen. Die Katastrophe des Kreuzes muß in ihrer gnadenlosen Härte ausgehalten werden, ohne sie im Vorgriff auf die doch einbeschworene Auferstehung zu verklären. Doch ist auch diese in ihrer lebensbejahenden Dimension auszuschöpfen, ohne ihr einen fundamentalen Schatten aufzuprägen. Wie schon in der Erfahrung des nahen und fernen Gottes im Alten Testament und im Judentum überhaupt ist auch in Kreuz und Auferstehung das Trauma der göttlichen Verborgenheit bildlich erfaßt, die sich sowohl in lebensvernichtender Gewalt wie auch in überbordender Vitalität manifestieren kann.

Die dunkle Seite Gottes ein wenig aufhellen wollte und will wohl der Versuch, mit dem Hinweis auf das Mitleiden Gottes eine Art Solidarität Gottes mit allen Leidenden bewußt zu machen, um so zugleich dem Bekenntnis zur göttlichen Allmacht den Kredit zu geben. Obwohl auch die Bibel in menschlicher Perspektive von der Trauer Gottes, insbesondere seiner „Reue" reden kann, ist damit jedoch keineswegs eine Minderung der Omnipotenz Gottes, seiner Wesenheit als Pantokrator insinuiert, sondern eben jener kontrastive Zug der Menschlichkeit eingetragen, die bei Gott nicht weniger verborgen ist. Neben dem Kreuz und dem Gericht ist auch die unerhörte Menschenfreundlichkeit und unbegreifliche Liebe Gottes ein Signal jener unaufgeholten und uneinholbaren Ferne, die aus dem Gesicht des rätselhaften Gottes spricht. Denn auch die Liebe Gottes ist letztlich „stark wie der Tod" (Hld 8, 6).

Bilder vom Tod Gottes

Vielleicht müssen wir um des Durchhaltens des bitteren Kontrasts im Gottesbild willen Zuflucht bei dem nehmen, was die religiöse Welt an Glaubensbildern entwickelt hat, bevor die Testamente wurden, die von der Bildsprache der Alten leben. Die Kontraste kommen ja nicht von ungefähr, sie sind in den Gegensätzen der Natur erfahrbar und von dort als Verstehenshilfe in die göttliche Wirklichkeit eingetragen worden. Es sind die Götter Baal oder Osiris, die sterben und auferstehen; es ist der höchste Gott, der in die Tiefen der Todeswelt hineinsteigt, um sich immer wieder aus ihr zu erheben, wie er dies vor Zeiten getan hat. Eben der Gott des „unzugänglichen Lichts" kennt die Sphäre der Finsternis aus eigener „Biographie", um ihr immer wieder zu entwachsen und stets aufs neue in sie hinabzutauchen. Im geheimnisvollen Zyklus ereignet sich die Begegnung mit der jeweils anderen Welt des Lichts oder der Finsternis; beides gehört zum Erlebnisraum des höchsten Gottes. Ob es möglich ist, die in uralte Bildsprache gehüllte Vorstellung vom Gott, der über Leben und Tod steht, weil er beide Welten kennt, in unser gespaltenes Bewußtsein hinüberzuretten?

Der Glaube an das Leben, das den Tod umschlingt? Der Glaube an ein Leben, das trotz seines Sterbens unzerstörbar ist? Die Auferstehung Gottes vom eigenen Tod ist wohl noch nicht zu Ende. Mit ihm steht auch die Auferstehung der Toten von Auschwitz noch bevor: Die notwendige Erinnerung an sie bedeutet die Vorahnung eines Zusammenseins, das schlechterdings nicht beschrieben werden kann. Die Fortexistenz des alten und über das Chaos hinaus bleibenden Gottesvolkes mag ein Wahrzeichen des so oder so lebendigen Gottes sein.

Zeigt euch.
Stellt euch um mich. Kommt alle. Ich bin hart
Genug,
mein Volk, mein ausgerottetes. Ich will
Zu dir
mein Volk, den Blick erheben: starr, erstarrt.
Und singen. Ja!
Reicht meine Harfe mir! Ich spiel! (J. Katzenelson)

Begleitende und weiterführende Literatur

Zum 1. Teil:

Görg, M., Weisheit als Provokation. Religionsgeschichtliche und theologische Aspekte der jahwistischen Sündenfallerzählung, in: Wissenschaft und Weisheit 49, 1986, S. 81-98. Auch in: M. Görg, Studien zur biblisch-ägyptischen Religionsgeschichte (Stuttgarter Biblische Aufsatzbände 14), Stuttgart 1992, S. 73-86.

Görg, M., „Alles hast du gelegt unter seine Füße". Beobachtungen zu Ps 8,7b im Vergleich mit Gen 1,26, in: Stuttgarter Biblische Beiträge 13, 1986, S. 125-148. Auch in: M. Görg, Studien, S. 117-136.

Görg, M., Josua (Die Neue Echter Bibel), Würzburg 1991.

Görg, M., Richter (Die Neue Echter Bibel), Würzburg 1992.

Görg, M., „Chaos" und „Chaosmächte" im Alten Testament, in: Biblische Notizen. Beiträge zur exegetischen Diskussion 70, 1993, S. 48-61.

Gunkel, H., Schöpfung und Chaos in Urzeit und Endzeit. Eine religionsgeschichtliche Untersuchung über Gen 1 und Ap Joh 12, Göttingen 1895.

Podella, Th., Der „Chaoskampfmythos" im Alten Testament. Eine Problemanzeige, in: Alter Orient und Altes Testament 232, Kevelaer/Neukirchen-Vluyn 1993, S. 283-329.

Zum 2. Teil

Bader, D. (Hrsg.), Kain und Abel. Rivalität und Brudermord in der Geschichte des Menschen, Freiburg 1983.

Gross, W. — *Kuschel, K.-J.,* „Ich schaffe Finsternis und Unheil!" Ist Gott verantwortlich für das Übel?, Mainz 1992.

Janowski, B., Die Tat kehrt zum Täter zurück. Offene Fragen im Umkreis des „Tun-Ergehen-Zusammenhangs", in: Zeitschrift für Theologie und Kirche 91, 1994, S. 247–271.

Jonas, H., Der Gottesbegriff nach Auschwitz. Eine jüdische Stimme (suhrkamp taschenbuch 1516), Tübingen 1987.

Keel, O. — *Uehlinger, Chr.,* Göttinnen, Götter und Gottessymbole. Neue Erkenntnisse zur Religionsgeschichte Kanaans und Israels aufgrund bislang unerschlossener ikonographischer Quellen (Quaestiones Disputatae 134), Freiburg 1992.

Kuschel, K.J., Streit um Abraham. Was Juden, Christen und Muslime trennt — und was sie eint, München 1994.

Lohfink, N. (Hrsg.), Gewalt und Gewaltlosigkeit im Alten Testament (Quaestiones Disputatae 96), Freiburg 1983.

Ruppert, L., Genesis. Ein kritischer und theologischer Kommentar, 1. Teilband: Gen 1,1 – 11,26 (Forschung zur Bibel 70), Würzburg 1992.

Schuster, E. — *Boschert-Kimmig, R.,* Trotzdem hoffen. Mit Johann Baptist Metz und Elie Wiesel im Gespräch, Mainz 1993.

Schroer, S., Frauen und die Gewaltfrage, in: Katechetische Blätter 119, 1994, S. 676–686.

Sölle, D., Gewalt. Ich soll mich nicht gewöhnen, Düsseldorf 1994.

Zenger, E., „Das Blut deines Bruders schreit zu mir" (Gen 4,10) — Gestalt und Aussageabsicht der Erzählung von Kain und Abel, in: D. Bader (Hrsg.), Kain und Abel, S. 9–28.

Zenger, E., Ein Gott der Rache? Feindpsalmen verstehen, Freiburg 1994.

Zenger, E., Der Gott der Bibel — ein gewalttätiger Gott?, in: Katechetische Blätter 99, 1974, S. 687–696.